SVLTO

Ein Schneesturm mitten im Sommer überrascht einen ganzen Landstrich in Kantabrien. Viele Reisende suchen in einem Gasthof Zuflucht – so auch die beiden Freunde und passionierten Motorradfahrer Santiago Malpás und Chema »Lucky« Salinas.

Während der Wein in Strömen fließt, gehen die Kaffeevorräte schnell zur Neige. Deshalb braut Chema Salinas alles, was er in der Küche finden kann – Tresterschnaps und Bilsenkraut –, zu einem ganz besonderen Trank zusammen, der die Fabulierlust der Wirtshausgäste beflügelt. Besonders die Legende vom Hinkefuß von Villacarriedo und seinem unheimlichen Pferd hinterlässt bleibenden Eindruck bei den Anwesenden – bevor sich die Ereignisse zu überstürzen beginnen.

Wie schon in seinem Buch *In Erinnerung an einen vorzüglichen Wein* gelingt es Javier Fernández de Castro erneut, seine Leser nicht nur zu unterhalten, sondern auch immer wieder zu überraschen: Zwischen Komik und Tragik liegt manchmal nur eine einzige durchzechte Nacht.

Javier Fernández de Castro

Die berauschende Wirkung von Bilsenkraut

Aus dem Spanischen
von Timo Berger

Verlag Klaus Wagenbach Berlin

Für Xavi und Lori

Erster Teil

Die Hinfahrt

Ein ungewöhnliches Wetterphänomen

Schon vor mehreren Jahren ereignete sich an einem Donnerstag, dem 13. Juli, mitten im Kantabrischen Gebirge eines dieser ungewöhnlichen Wetterphänomene, die Zerstörung und Not über die Menschen bringen, aber vor allem Klimaforscher, Meteorologen, Wetterkundige und andere, die über Naturerscheinungen berichten, in heillose Verwirrung stürzen. In ihrem Eifer, als Erste eine passende wissenschaftliche Erklärung zu liefern, setzen dann alle von ihnen die Theorien der anderen herunter, indem sie dicse als esoterisch brandmarken, auch wenn sie damit die wenig beruhigende Gewissheit vermitteln, dass bestimmte Launen der Natur bis heute nicht erklärbar sind.

Oder anders gesagt: Wenn nicht einmal Fachleute in der Lage waren, eine rationale Erklärung für das Ereignis zu liefern, wie hätten dann ganz normale Leute (wie zum Beispiel die beiden Motorradfahrer, die sich auf der Durchreise befanden) vorhersehen können, dass an jenem sonnigen, heißen Julitag auf einmal mitten im Kantabrischen Gebirge ein heftiger Schneefall einsetzen würde. Ein ungewöhnliches Wetterphänomen, das besonders stark das Valle de Cabuérniga und die Sierra de Bárcena heimsuchte, die in den folgenden dreizehn, vierzehn Stunden vollständig von der Außenwelt abgeschnitten sein sollten.

Die beiden Motorradfahrer, die ohne ein festes Ziel unterwegs waren und deshalb keiner bestimmten Route folgen mussten, hatten am Vortag in Elizondo, Navarra, übernachtet – aus dem einfachen Grund, dass sie sich an Straßen und Landschaften sattgesehen hatten und in dem Ort hungrig und erschöpft vom Einbruch der Dunkelheit überrascht worden waren. Und nachdem sie sich von Motorrad zu Motorrad mit Handzeichen verständigt hatten, waren sie dortgeblieben. Am nächsten Morgen zogen sie, ganz wie es ihre Gewohnheit war, beim Frühstück ihre Karten und Notizbücher zurate, um sich auf die Richtung, in die sie an dem Tag fahren würden, sowie mögliche Übernachtungsorte zu einigen. Auch wenn sie normalerweise Routen und Ziele hinterher auch schnell wieder änderten, sobald andere überraschende oder unvorhergesehene Optionen auftauchten.

Und genau das war an dem Tag der Fall. Ausgeruht und frisch geduscht fuhren sie den Pass Puerto de Verlate hinunter und machten einen Bogen um Pamplona, um auf die Nationalstraße III Richtung Estrella zu fahren. Sie hatten vor, hinter Logroño auf die Nationalstraße 120 zu biegen und bis Burgos zu fahren, wo sie mit einem Blick auf die Uhr entscheiden wollten, ob sie in Palencia übernachten oder versuchen würden, noch bis Zamora zu gelangen.

Aber nichts sollte so kommen wie geplant. Zum einen, weil sie nicht einmal fünfzig Kilometer auf der offenen Landstraße hinter sich gelassen hatten, als sie allmählich ahnten, dass sich bald ein äußerst eigenartiges Phänomen ereignen würde. Vor ein paar Kilometern hatten sie in der Ferne eine Wolkenfront entdeckt, die zwar zu diesem Zeitpunkt bloß ein schmales dunkles Band war, das sich auf die Silhouette der Berge am Horizont legte. Doch sie waren sich sicher: »Mein Gott, da kommt ein Sommergewitter!« Das heißt, es kündigte sich ein heftiger oder leidiger Platzregen an, der zwar irgendwann einsetzen, aber auch wieder vorübergehen würde, ohne Schaden anzurichten. Nun, aus größerer Nähe, sahen sie nicht nur, dass dieses vermeintliche Sommergewitter eine riesige Masse schwarzer heimtückischer und garstiger Wolken zusammentrieb – ein eindeutiges Vorzeichen des schlimmsten Unheils –, sondern auch, dass es sich direkt auf sie zuzubewegen schien.

Die Motorradfahrer und ihre Eigenheiten

Keiner der beiden Motorradfahrer übte einen Beruf aus, der ihm das Rüstzeug gegeben hätte, um Wettervorhersagen zu treffen. Der Jüngere war 36 Jahre alt, hieß Chema Salinas, seine Freunde hatten ihm aber den Spitznamen *Lucky* gegeben. So wie er sich auf dem Motorrad verausgabte, sagten sie, musste es das Schicksal wirklich gut mit ihm meinen, denn er hatte sich nie ernsthaft verletzt. Chema Salinas war Chemiker und lebte ziemlich gut davon, dass er in seinem kleinen Labor pflanzliche Essenzen für Parfums herstellte. Und da sich seine Informanten und Zulieferer an den entlegensten Orten befanden, konnte er seine Geschäftsreisen, auf denen er sich die Grundstoffe für seine Essenzen besorgte, so ausrichten, dass sie sich bei genauerer Betrachtung eigentlich nur als Vorwand herausstellten, um ausgedehnte Motorradfahrten zu unternehmen.

Der Mann, der ihn gewöhnlich auf seinen Geschäftsreisen begleitete, war fast dreizehn Jahre älter als er, hieß Santiago Malpás und hatte – soweit bekannt war – keinen Spitznamen. Er besaß eine Druckerei, die so gut wie bankrott gewesen war, als er sie geerbt hatte. Doch es war ihm gelungen, sie zu retten und wieder profitabel zu machen, indem er sich auf Neuauflagen bibliophiler Raritäten spezialisierte. Und er verdiente damit so gut, dass er einen tatkräftigen und treuen Werkmeister einstellen konnte, was ihm selbst die Zeit ließ, mit seiner leistungsstarken BMW 900, einem Motorrad, das man damals auf spanischen Straßen selten sah, Touren zu fahren.

Unter Motorradfahrern ist es Usus, dass bei gemeinsamen Touren die Langsamsten voranfahren. Dadurch verhindert man Wettkämpfe unter den Rasern. Aber vor allem vermeidet man, dass Letztere die Hälfte der Zeit über die Schulter blicken, um zu sehen, wo die

Langsamen bleiben. Bei Chema Salinas und Santiago Malpás war – anders als es aufgrund des unterschiedlichen Alters und Stils den Anschein haben könnte – der ältere der beiden fraglos der Schnellere, und nach drei oder vier gemeinsamen (und auch verhältnismäßig konfliktreichen) Reisen war man stillschweigend übereingekommen, dass Chema an der Spitze fahren sollte. So war er derjenige, der den Rhythmus der Reise vorgab und der unterwegs die erste Entscheidung traf, wenn etwas Unvorhergesehenes dazwischenkam, was nicht selten beim Tankstopp der Fall war. Dann nutzte er nämlich die Gelegenheit, um mysteriöse Informanten anzurufen, die ihm von außerhalb der Saison blühenden Pflanzen oder von exotischen Spezies in irgendeinem unbekannten Tal berichteten. Und dorthin ging dann die Reise.

Doch das Unwetter, das an jenem Tag am Horizont heraufzog, bereitete ihnen allmählich echte Sorgen, denn als sie es aus noch größerer Nähe erblickten, stellte es sich als eines der sonderbarsten und schrecklichsten heraus, das Chema Salinas je gesehen hatte. Er ließ sich mit dem Motorrad zurückfallen, um sich zu vergewissern, dass Santiago Malpás das besorgniserregende Ausmaß des Problems ebenfalls erfasst hatte. Und dann zeigte er mit der Hand Richtung Süden und bat seinen Begleiter mit einer Geste um Einverständnis. Der wiederum stimmte mit einem Nicken zu, woraufhin Chema Salinas sich erneut an die Spitze setzte und auf seiner Norton richtig Gas gab.

Doch nicht lange nachdem sie ihre Route geändert hatten, musste die Wolkenfront, die in der Ferne auf sie zu warten schien, ihr Manöver bemerkt haben und bewegte sich nun schräg und sehr schnell auf sie zu – in der offensichtlichen Absicht, ihnen den Weg abzuschneiden.

Ein unbegreiflicher Leichtsinn

Chema Salinas hielt es deshalb nicht einmal für nötig, das Einverständnis seines Begleiters einzuholen, um die Richtung zu wechseln. Er machte vielmehr etwas ziemlich Sonderbares: Als sie Fuenmayor erreichten, eine Ortschaft, wenige Kilometer von Logroño entfernt, an dem sich die Abzweigung befand, die sie nehmen wollten, um das Unwetter zu umfahren, raste Chema Salinas einfach an dieser vorbei. Das wiederum hielt Santiago Malpás immer noch nicht für ungewöhnlich. Jeder würde wahrscheinlich darauf kommen, dass es, wenn man ein Unwetter umfahren will und dieses sich böswillig in die eigene Richtung dreht, um einem den Weg abzuschneiden, das Normalste ist, im scharfen Winkel auszuweichen und in die Gegenrichtung zu fahren. Die Nationalstraße 232, über die sie nun bretterten, beschrieb ab Fuenmayor einen weiten Bogen, auf dem sie Burgos vom Norden her erreichen würden. Sprich, bis zu diesem Punkt war daran noch rein gar nichts außergewöhnlich.

Seltsam war dann jedoch, dass Chema Salinas kurz hinter der Kreuzung von Fuenmayor plötzlich die Geschwindigkeit drosselte, um auf die Uhr zu schauen. Aus einem unerfindlichen Grund wollte er unbedingt wissen, wie spät es war, und kämpfte mit seinem Handschuh, dessen langer Schaft ihm fast bis zum Ellbogen reichte. Ihn auszuziehen und seine Armbanduhr freizubekommen war eine mühsame und langwierige Operation, in die er derart versunken war, dass er in die erste Kurve gerade hineinfuhr und auf die Gegenfahrbahn geriet, ohne ein einziges Mal nach vorne zu sehen. Doch Lucky, der Glückliche, machte seinem Spitznamen auf dem Motorrad einmal mehr alle Ehre, denn die Lastwagen und Autos, die ihm normalerweise entgegengedonnert wären, befanden sich nicht auf der Straße. Wahrscheinlich weil sie an den Raststätten oder Tankstellen am Rande der Schnellstraße aus Angst vor diesem Unwetter, das auch ihnen großen Respekt einflößte, haltgemacht hatten.

Nachdem er seine Neugier gestillt hatte (es war auf die Sekunde genau 14.45 Uhr – und was nun?) und ohne sich darüber klar zu werden, wie leichtsinnig es war, die Kurve auf diese Weise zu schneiden, zog sich Chema Salinas den Handschuh wieder richtig an, gab ordentlich Gas und hielt es auch nicht für nötig, sich umzudrehen, denn er war sich sicher, dass Santiago Malpás an seinem hinteren Warnlicht klebte. Und genauso war es.

In Pancorbo legten sie einen Stopp ein, um aufzutanken und einen Happen zu essen. Dabei stellten sie durch das Schaufenster des Cafés fest, dass das Unwetter vorher, als es ihnen scheinbar entgegengekommen war, eigentlich nur ein langes, hinterhältiges Tentakel ausgefahren hatte, das sich nun wieder in ihre Richtung bewegte und alle verstreuten Wolken, auf die es stieß, einsammelte und zu einer riesigen Mauer auftürmte.

»Hast du das gesehen?«, fragte Chema Salinas und zeigte mit seinem Sandwich auf das schwarze Band, das den Horizont genau an der Stelle bedeckte, an der sie vor Kurzem vorbeigekommen waren. »Es hat uns jegliche Möglichkeit genommen, einen Bogen zu schlagen, um wieder dahin zu gelangen, von wo wir hergekommen sind.«

Ein gemeiner Angriff

Während sie sich die Handschuhe anzogen und den Helm wieder aufsetzten, um weiterzufahren, schien diese dichte und bedrohliche Masse, obwohl sie bewegungslos verharrte, von der anderen Seite einen gewaltigen Stoß zu bekommen, denn ohne Vorankündigung setzte ein krachender Wolkenbruch ein, der von heftigen Blitzen erleuchtet wurde.

Santiago Malpás und Chema Salinas verschlug es den Atem, als sie sahen, dass sich die tosende Lawine in ihrem Eifer, sich auf sie zu stürzen, buchstäblich selbst zu verschlingen schien. Als wollte sie ihnen gleichzeitig zu verstehen geben, dass kein Entrinnen möglich war, klappte die Wolkenfront wie eine Sichel zusammen und bildete eine riesige schwarze Zange, die sie zu zerquetschen drohte.

»Hast du dasselbe unangenehme Gefühl wie ich?«, fragte Chema Salinas, während er sich den Kragen der Lederjacke hochschlug.

»Wenn du glaubst, dass die Wolkenwand uns verfolgt, dann bin ich ganz deiner Meinung, ich habe sogar das unangenehme Gefühl, dass sie uns etwas Böses antun will«, sagte Santiago Malpás, der schon auf seiner Maschine saß und den Zündschlüssel herumdrehte.

»Und hast du irgendeinen Plan?«

»Na, Burgos können wir vergessen, denn sie versperrt uns auch den Weg dorthin. Also erst mal wäre es das Beste abzuhauen, wohin auch immer, aber möglichst weit weg von hier«, sagte Santiago Malpás. Und ohne ein weiteres Wort ließ er plötzlich die Kupplung los und beschleunigte, um mit seinem Gefährt wieder auf die Straße zu biegen.

Doch egal wie waghalsig sie auch fuhren, es war alles umsonst: Sie folgten tatsächlich nur den Regeln eines Spiels, das sie nicht kannten. In ihrem ohrenbetäubenden und rasanten Vorrücken hatte sich die Wolkenfront nicht nur geradewegs auf sie gestürzt, sondern ihnen, schon lange bevor sie sie erreicht hatte, als Vortrupp gewaltige, eisige Windstöße entgegengeschmettert, die sie von der Seite trafen und zwangen, sich wacker mit ihren Maschinen zu schlagen, um nicht von der Straße gefegt zu werden.

Sooft sie sich verstohlen daranmachten, unter ein Wolkenloch zu flüchten, zwang sie das Unwetter wieder, in diese oder jene Richtung abzubiegen oder ganz zurückzufahren, und dabei war es so zappenduster, dass es ihre Scheinwerfer kaum schafften, die Fahrspur auszuleuchten, über der Millionen verrückt gewordener Eisklümpchen tanzten.

Nach einer gewissen Zeit, deren Dauer sie schwer abschätzen konnten, fuhren sie auf einmal und ohne dass sie es wussten die ersten Steigungen des Passes von Palombreras hinauf. Und das war reiner Zufall. Oder, besser gesagt, eine Laune des Schicksals! Denn sie sahen nichts mehr wegen der Eisschicht, die ihr Gesicht und ihre Brille bedeckte, und wurden von einer Seite der Straße zur anderen geworfen, überzeugt, dass sie jeden Augenblick gegen eine Mauer stoßen oder in einen Abgrund stürzen würden. Es erforderte all ihre Kraft, einen Weg zu finden, um diesen maßlosen Gewalten zu entkommen.

Und dabei hatten sie sogar noch Glück im Unglück, denn nachdem sie die Wasserscheide zum Kantabrischen Meer hin überquert hatten, fiel die Straße steil ab und führte sie erst zum Tajahierro-Pass und dann zum Eingang des Valle de Cabuérniga, wobei sie der Berghang vor dem Wind schützte und sie das schwindelerregende Gefälle mit dem beruhigenden Gefühl, Zeit und Boden gutzumachen, bewältigten.

Die Rettung

Am Anfang des Tals war vor ihrer Ankunft der Schnee zu Eis gefroren und hatte die Straße in eine Schlittschuhbahn verwandelt, auf der sie mit einer übertrieben hohen Geschwindigkeit dahinglitten. Dabei drehten sie sich mit gänzlich miteinander verschmolzenen Motorrädern um ihre gemeinsame Achse, stemmten beide Füße in die Fahrbahn, um das Gleichgewicht zu halten. Bis sie erneut auf wundersame Weise und ohne zu wissen, wie, auf die Straße gelangten, die sie für die Straße nach Cabezón de la Sal hielten.

Nur ein paar Kilometer nach einer Kreuzung sahen sie zwischen den Bäumen einen matten Schimmer, den sie unmittelbar mit dem Schein eines von Kerzen beleuchteten Fensters verbanden. Oder, noch besser, von einem warmen Kaminfeuer. Als sie sich auf seiner Höhe befanden, warfen sie sich deshalb schlagartig in Richtung des Lichts – mit einer derartigen Präzision, als hätten sie es schon seit einer Weile vorausgeahnt.

Sie befanden sich nun vor etwas, was sich später, bei Tageslicht besehen, als ein riesiges, altes, verwahrlostes und düsteres Haus herausstellte. Sie fackelten nicht lange, lehnten ihre Maschinen an die windabgewandte Seite des Hauses und suchten tastend den Eingang. Als sich nach dem Klopfen die Tür öffnete und sie über die Schwelle traten, zog sich die bedrohliche Wolkenmasse sofort mit einem Tosen in Richtung Kantabrisches Meeres zurück – gehetzt und launenhaft wie jemand, der einen Auftrag erfüllt hat und sich nun auf die Suche nach neuen Ufern begibt.

Der Beginn einer langen und schwierigen Nacht im Gasthof

Die Schürze, die über den untersten Wulst seines gewölbten, aber noch straffen Bauchs gebunden war, das Tuch, mit dem er sich wohl die Hände getrocknet hatte, bevor er den Riegel zurückschob, oder der Bleistift, der auf Höhe des Ohres aus seinem Haar ragte, legten nahe, dass der Mann, der nach ihrem beherzten Anklopfen herbeigeeilt war, ein Gastwirt war. Oder ein Pensionswirt. Oder der Besitzer eines Ladens mit Ausschank. Wenn wirklich eines davon zuträfe, hätte sie das Schicksal zur besten Zufluchtsstätte geführt. Und dazu gratulierten sich die beiden Motorradfahrer gegenseitig.

Unmittelbar darauf erfuhren sie, dass ihnen das Glück sogar noch wohlgesonnener war, als sie angenommen hatten. Tatsächlich hatten sie nach dem Schrecken am Fuße des Passes und dem Aufprall auf die Böschung, der sie in die Gegenrichtung schleuderte, die Straße von Cabezón verlassen und waren unbemerkt auf die Abzweigung nach Bárcena geraten, auf der sie zu dem alten Gasthof schlitterten; der stand derart versteckt hinter hohen Bäumen am Ufer des Río Lador, dass sie ihn, wenn sie bei Tageslicht an ihm vorbeigefahren wären, wahrscheinlich nicht einmal bemerkt hätten. Außerdem wussten sie ja nicht einmal, dass sie sich in der Nähe des Dorfes Bárcena befanden, einer Ortschaft, von der sie noch nie in ihrem Leben gehört hatten.

Nach dem zu schließen, was sie bei ihrem Eintreten sahen, versammelten sich die Bewohner der umliegenden Gehöfte in dem Gasthof um ein großzügiges Feuer herum, das in einem Herd brannte. Darüber hing eine Abzugshaube, die so riesig war, dass die sechs oder acht Stammgäste alle ihre Stühle unter sie gerückt hatten, um die Ereignisse des Tages zu kommentieren.

Natürlich war das allesbeherrschende Thema der Schnee: Was für eine merkwürdige Sache! Noch nie hatte einer von ihnen so etwas erlebt. Mitten im Juli und trotz der erdrückenden Hitze, die sie den ganzen Tag über geplagt hatte. Und überhaupt: Es kam alles so unvermittelt. Die beiden Motorradfahrer weckten bei den Wirtshausgästen große Erwartungen angesichts ihrer Helme mit den getönten Visieren, der dicken Lederkluft und den Stiefeln und Handschuhen. Man konnte sie für Rennbobfahrer halten. Der Umstand, dass ihre Besitzer von Kopf bis Fuß mit einer Eisschicht bedeckt waren, verstärkte diesen Eindruck noch.

Beide trugen große Lederbeutel über der Schulter, die wie Satteltaschen miteinander verbunden waren. Sie blieben in der Mitte des beheizten Raums stehen, und man merkte, dass sie die Orientierung verloren hatten. Es war eine eigentlich längst vergangene Welt, die man in den abgebröckelten Wänden und Winkeln jenes großen und herrschaftlichen Gewölbesaals mit den mächtigen, von steinernen Säulen getragenen Halbkreisbögen angehalten und seit Jahrhunderten nicht mehr verändert hatte. Und nun standen sie in ihrem Mittelpunkt. Denn die Unterhaltung war mit ihrer Ankunft verstummt, und die Blicke richteten sich unverhohlen auf sie. Als die Anwesenden sahen, dass die beiden Motorradfahrer vollständig von Eisnadeln überzogen und starr vor Kälte waren, luden sie sie ein, sich zu ihnen an das großzügige Feuer zu setzen, in dem dicke Pinienholzscheite brannten. Und da die Fremden wussten, welche Verpflichtungen ein Reisender bei so viel Gastfreundschaft eingeht, lieferten sie einen leicht aufgebauschten Bericht darüber ab, was da draußen so viel Entsetzen und Durcheinander ausgelöst hatte. Wie die Motorradfahrer feststellten, als sie die ihnen angebotenen Gläser Wein bereitwillig annahmen, waren die Wirtshausgäste große Liebhaber guter Schauergeschichten. Und so wollten sie Details wissen, Größe und Aussehen der pechschwarzen Wolken, die durch Blitze erleuchtet wurden. Natürlich faszinierte sie die Hartnäckigkeit, mit welcher der Sturm die beiden Motorradfahrer seit Logroño verfolgt hatte, und so lauschten sie mit offenem Mund der Erzählung und forderten dabei von Zeit zu Zeit, noch mehr über dieses seltsame Verhalten des Unwetters zu erfahren.

Doch die beiden Motorradfahrer verwunderte ein Gedanke, den einer der Anwesenden aufbrachte. Santiago Malpás und Chema Salinas konnten ihn erst gar nicht in dem Raum ausmachen, da ihnen in dem Moment wieder Wein eingeschenkt wurde und sie damit beschäftigt waren, ihre zitternden Hände unter Kontrolle zu bringen und die Gläser gerade zu halten, um den Inhalt nicht zu verschütten.

»Vielleicht handelt es sich ja ...«, hatte diese Stimme, die aus der Tiefe des Saals zu kommen schien, eingewandt, »... auch gar nicht um eine Verfolgungsjagd, sondern eine zwar grobe, zugegebenermaßen aber wirksame Methode, Sie hierherzulotsen und Sie dazu einzuladen, eine so ungewöhnliche Nacht mit uns zu verbringen.«

Eigentlich war dieser Gedanke in einem höflichen und freundschaftlichen Ton vorgetragen worden. Dennoch klang er in den Ohren der beiden Motorradfahrer nicht wie eine freundliche Beruhigung, sondern wie ein böser Zauberspruch. Und die übrigen Anwesenden schienen es genauso aufzufassen wie sie, denn sie verstummten auf einmal und sahen sich der Reihe nach gegenseitig an, als wollten sie sich versichern, dass es auch allen anderen gerade eiskalt über den Rücken lief.

Chema Salinas zuckte sogar zusammen:

»Ich verstehe nicht, wie man hinter etwas, was lediglich eine Wetterkapriole ist, eine Absicht vermuten kann«, sagte er so laut, dass ihn alle hörten. Doch derjenige, der den Gedanken in den Raum gestellt hatte, kam gar nicht dazu, die Bedeutung seiner Wörter zu erläutern, denn just in diesem Augenblick erklangen abgesetzte, aber prononcierte Schläge gegen die Eingangstür.

Der Bote trifft ein

Der Schankwirt ging zur Tür und kehrte kurz darauf zurück, gefolgt von einem Schwung eiskalter Luft und einem Mann mit rostbraunem Haar, der noch trockene Winterkleidung trug. Das verleitete zu der Annahme, dass er im Gegensatz zum Rest der Anwesenden zu Hause gewesen war, als der Sturm ausbrach, und dass er sich, als er rausging, nicht nur auf das Schlimmste eingestellt hatte, sondern auch den Weg zu ihnen in einem Fahrzeug zurückgelegt hatte, das ihn vor dem unwirtlichen Wetter schützte. Womöglich in dem Landrover, der auf einmal neben dem Eingang stand.

Als er den Motorradfahrern die Hand reichte, nahm er wie ein Mann von Welt die Entschuldigungen an, die diese vorbrachten, weil ihre Hände immer noch ölverschmiert waren, da sie, wie sie ihm erklärten, an den Motorräder hatten herumschrauben müssen. Und er wiederum entschuldigte sich ebenfalls für seine Hände, die wegen der Anforderungen seines Berufes verdächtig sauber waren. Und er nutzte die Gelegenheit, um sich selbst als Sattler aus Bárcena vorzustellen.

Doch eigentlich war er gekommen, um wichtige Nachrichten zu überbringen, und nachdem er der Höflichkeit Genüge getan hatte, ließ er seinen Blick ostentativ über die Anwesenden schweifen, bis er sich der allgemeinen Aufmerksamkeit vergewissert hatte.

»Wisst ihr schon, was heute Nachmittag in Los Tojos passiert ist?«, fragte er, während er seine Schuhe von den Schneespuren säuberte, indem er sie nacheinander am Sockel einer der steinernen Säulen abklopfte, die die riesige Abzugshaube des Ofens trugen. Und erst als er seine Wintersachen sorgfältig über die Lehne des Stuhls gelegt hatte, den man ihm ans Feuer gerückt hatte, nahm er Platz und verkündete, was an diesem Nachmittag in Los Tojos vorgefallen war:

»Kurz nach vier Uhr stürmten zwei apfelgraue Hengstfohlen und eine trächtige Stute ins Dorf. Sie waren alle verletzt, ganz sicher von den Wölfen. Sie kamen aus der Richtung von Cuento de la Concilla, und die Wölfe mussten ihnen dicht auf der Spur gewesen sein, da sie in vollem Galopp ins Dorf liefen und Mauern und Häuserecken streiften und sich erschrocken umblickten. Die männlichen Tiere waren so stark verwundet, dass sie, als sie den Platz erreichten, tot auf dem Boden zusammenbrachen. Die Stute aber, die sich umzingelt fühlte, brach mit Gewalt die Kirchtür auf, und als sie drinnen war, wollte sie durch eines der Chorfenster wieder hinausspringen.«

Der Sattler leerte das Weinglas, das man ihm gereicht hatte, in einem Zug und bat darum, ihm nachzuschenken. Dann fuhr er genüsslich fort:

»Doch das Glockenseil hatte sich um den Hals der Stute gewickelt, denn als sie durch das Fenster hinaussprang, schaffte sie es zwar nach draußen, blieb aber in der Luft hängen und setzte den Glockenschwengel in Bewegung wie bei einem Totengeläut. Das Tier zappelte in seinem Todeskampf so stark, dass man den Eindruck bekam, es würde noch davongaloppieren.«

Nach einer ausgiebigen Suche stellte sich heraus, dass die Tabakdose und das restliche Rauchzeug sich in der Innentasche des Mantels befanden, den der Sattler wieder sehr sorgfältig auf die Stuhllehne legte. Dann bildete er mit der Hand einen Hohlraum und füllte ihn mit einem Batzen losen Tabaks.

»Als es endlich gelang, das Tier von dort herunterzuholen«, erzählte er weiter, während er den Tabak millimetergenau auf dem Papier, das er aus irgendeinem Päckchen gezogen hatte, verteilte, »merkte man, dass es bereits dahinsiechte und kein anderer Ausweg blieb, als es auf der Stelle zu schlachten. Der Nachwuchs dagegen, der immer noch im Bauch der Mutter strampelte, sogar noch nachdem man der Mutter einen Stirnschuss verpasst hatte, überlebte. Das Außergewöhnliche daran ist, dass es das Jungtier schaffte, obwohl alles dagegen sprach, aus eigener Kraft aus dem Bauch der Toten hinauszugelangen und sich zu retten.«

An dieser Stelle richtete der Sattler seine ganze Aufmerksamkeit darauf, mit seiner Zunge über den gummierten Rand des dicken, aber fast perfekten Zylinders, den er sich gerollt hatte, zu fahren. Chema Salinas ahnte, dass sich der Erzähler die Zeit lassen würde, sich die Zigarette anzustecken und einen ersten kräftigen Zug und einen weiteren Schluck Wein zu nehmen. Deswegen nutzte er die Gelegenheit, um zu einem Fenster zu gehen und nach den Motorrädern zu schauen.

Als er sein Gesicht an die Fensterscheibe presste und hinausblickte, konnte er trotz der draußen herrschenden Dunkelheit erkennen, dass die heftigste und gefährlichste Phase des Sturms vorbei war. Auch wenn es weiterhin stark schneite, fiel der Schnee doch so zart und sanft, als wäre er ein feiner Niederschlag, der aus einer weißen Lunge rieselte und die Berge und Täler in ein weihnachtliches Gewand hüllte. Was ein leicht verschrobener, aber auch ebenso harmloser Gedanke war.

Er kehrte wieder zu seinem Stuhl zurück, gerade noch rechtzeitig, um den Schluss der Erzählung mitzukriegen:

»Wenn ich es richtig verstanden habe«, sagte der Sattler mit bedächtig gewählten Worten, die, in schwere Rauchwolken gehüllt, aus seinem Mund entwichen, »war das Fell des Fohlens, das heute Nachmittag in Los Tojos auf die Welt kam, so rot wie die Glut hier.«

Nachdem er das gesagt hatte und als wollte er jegliche Verantwortung für die Schlüsse, die man aus seiner Erzählung ziehen könnte, von sich weisen, versank der Sattler nachdenklich in die Betrachtung des Feuers, auf das er gerade gezeigt hatte.

Eine überraschende Reaktion

Die Kenntnis der Vorfälle in Los Tojos löste sehr überraschende Reaktionen aus. Erstickte Äußerungen wie »Oh, nein, nicht schon wieder, nein« oder auch derbere wie »Leck mich am Arsch, es geht schon wieder los« führten zu lebhaften Fragen und Nachfragen:

»Hast du es mit deinen eigenen Augen gesehen, oder hat man dir das Ganze nur erzählt?«, wollte einer aus der Runde wissen.

»Ist es sicher, dass es ein rotes Fohlen war?«, fragte ein anderer, mit einem Funken Hoffnung in der Stimme. »War es vielleicht einfach nur mit Blut benetzt und sah deshalb rot aus?«

Ein Dritter wollte wissen, zu welcher Uhrzeit die ersten schwarzen Wolkenmassen über Tajahierro aufgezogen waren, und deutete damit einen möglichen kausalen Zusammenhang zwischen der Geburt des Fohlens und der Wetterkatastrophe an, die sie gerade heimgesucht hatte.

Als die Fragen schließlich abebbten, weil sich der Sattler hartnäckig zu antworten weigerte, zählten die Teilnehmer der Runde hastig und wild durcheinander die seltsamen Zufälle, Merkwürdigkeiten und Unglücke auf, die sich vorher zugetragen hatten, immer wenn irgendwo (und immer woanders und in unregelmäßigen und deswegen unvorhersehbaren Abständen) in einem Winkel der Täler eines dieser Pferde mit rotem Fell geboren wurde.

Nachdem sie es sich wieder auf den Stühlen um das Feuer bequem gemacht hatten, wechselten Chema Salinas und Santiago Malpás einen dankbaren Blick. Keiner der beiden hegte den leisesten Zweifel daran, dass die große Präzision und Detailfreude, die jeder Einzelne der Erzähler in seiner Schilderung an den Tag legte, eine weitere Aufmerksamkeit ihnen gegenüber war, die sie zufällig vorbeigekommen waren und von den Ereignissen vor Ort nicht die geringste Ahnung hatten. Doch ihr Blickwechsel verriet auch ihre Überraschung. Denn es dämmerte den Reisenden allmählich, dass die Fohlen mit rotem Fell ein Vorzeichen dafür waren, dass die Natur verrückt spielen würde. Denn an den darauffolgenden Tagen waren die Täler stets durch Todesschreie geweckt worden, da Kühe, Stuten und Säue Föten mit furchtbaren Missbildungen abtrieben oder aus ihren Bäuchen wohlgeformte, aber ohne offensichtlichen Grund schon tote Tiere ausstießen. Ohne Ausnahme waren sie alle in ein unverwechselbares Blutrot getaucht.

All das, um nicht erst von den Ernten zu sprechen, die – warum, weiß niemand – verlorengingen, oder den Obstbäumen, deren Blüten von einem Moment auf den anderen verwelkten. Sogar der Mais, der gerade noch aus dem Boden emporschoss und dessen Kolben stolz in den Himmel ragten, würde ohne erkennbaren Grund welk und schlaff werden. Und was sogar noch schlimmer war (eine Sache, die sie mit zwischen Sorge und Verbitterung schwankenden Gesten hervorhoben): dass nun Monate anbrachen, in denen die Frauen zu ihren Ehemännern auf Abstand gingen, weil sie fürchteten, unter diesem schlechten Vorzeichen schwanger zu werden.

Erste Absonderlichkeiten

Obwohl alle lachten und einander verschwörerisch den Ellbogen in die Seite stießen, nachdem noch erbärmlichere Ereignisse aufgezählt worden waren, blieb auch den Neuankömmlingen nicht lange verborgen, dass der gemütliche Teil des Abend dahin war. Und dass die von Solidarität und Kameradschaft geprägte Atmosphäre, die bis zur Ankunft des Sattlers geherrscht hatte, sich mit Spannungen und Hektik auflud und die deutlich zu spüren waren, als sich in dem ganzen Gasthof ein eisernes und unheilverkündendes Schweigen ausbreitete.

Allerdings währte das Schweigen nicht lange, denn es wurde fast augenblicklich von den Schreien einer erschrockenen Frau unterbrochen, die aus dem

Obergeschoss den Beistand des Schankwirts einforderte. Der stieß einen Fluch aus und rannte zur Tür im hinteren Teil des Raumes.

Einer der Anwesenden nutzte die Gelegenheit, um aufzustehen und sich von allen zu verabschieden, wobei er erklärte, eine seiner Kühe stehe vor dem Kalben, und er müsse nachsehen, ob ihr in seiner Abwesenheit etwas zugestoßen wäre. Auch andere folgten seinem Beispiel, wobei sie zwar nicht hastig im Pulk aufbrachen, aber man merkte ihnen an, dass sie keine Lust hatten, länger als nötig hierzubleiben.

Chema Salinas und Santiago Malpás blickten sich erneut an: Trotz der kuriosen und wundersamen Ereignisse, die kurz zuvor erzählt worden waren, hielten sie es dennoch für sehr unwahrscheinlich, dass der ganze Landstrich auf einmal kurz vor der Entbindung stünde. Jedoch sollte diese Annahme unmittelbar darauf unter dramatischen Umständen bestätigt werden, denn der Schankwirt kehrte in seinem Sonntagsanzug und mit einem Stapel Decken unterm Arm zurück, die er auf eine der Bänke an den hinteren Wänden legte. Während er sich den Mantel zuknöpfte, unter dem Ellbogen die Sturmhaube, den Schal und die Handschuhe, ging er auf die schon sehr ausgedünnte Besucherschar zu, um ihnen sichtlich ergriffen mitzuteilen:

»Meine Herren, ich hoffe, Sie halten mich jetzt nicht für unhöflich, aber ich fürchte sehr, ich werde mich nicht weiter um Sie kümmern können: Bei meiner Frau haben ebenfalls die Wehen eingesetzt, und die Leute, die gerade bei ihr sind, bestehen darauf, dass ich sie nach Cabezón oder, wenn ich sie dort nicht mehr einliefern kann, nach Santander bringe. Es sieht so aus, dass der Junge nicht nur mit den Beinen zuerst auf die Welt kommen wird, sondern die Nabelschnur hat sich zu allem Überfluss auch noch um seinen Hals gewickelt.«

Die Anwesenden schlossen daraus, dass die Frauen, die sich im oberen Stock versammelt hatten und sich um die Ehefrau des Schankwirts kümmerten, der Auffassung waren, dass sich die Entbindung wirklich äußerst schwierig gestalten würde. Andernfalls wäre es wohl niemandem in den Sinn gekommen, sich mit einer Frau in diesem Zustand in solch einer Nacht auf den Weg zu machen und viele Kilometer auf vereisten Landstraßen zurückzulegen. Und das auch noch in einem Landrover, der nicht einmal dem werdenden Vater gehörte, sondern dem Sattler aus Bárcena.

Letzterer wurde, ohne lange zu überlegen, aus seiner geistesabwesenden Versenkung gerissen und von dem Schankwirt aufgefordert, den Transport zu übernehmen.

»Mensch, Arciegas, du bringst mich in eine Zwickmühle«, sagte der Sattler, seinerseits sichtlich ergriffen. Es war gut möglich, dass ihm vorschwebte, wie er an einen Straßengraben bei der Entbindung selbst Hand anlegte, unvorstellbar für ihn, der weder Kinder noch Kühe besaß und deswegen von Wehen und Schreien, Blut, Mutterkuchen, Gerüchen, Nabelschnüren oder Babygeschrei wenig Ahnung hatte. Was sind das für Aussichten, Arciegas, schien er sagen zu wollen, widerwillig, die ihm angetragene Verantwortung zu übernehmen. Doch gleichzeitig schien ihm zu dämmern: Wenn er sich weiterhin weigerte, könnte diese Zuhörerschaft, die er kurz zuvor in den Bann geschlagen hatte, ihm morgen schon gnadenlos die Schuld zuweisen, sollte der Frau oder dem Sohn des Schankwirts etwas zustoßen, weil er den Transport nicht übernommen hatte.

Sprich, ihm blieb gar keine andere Wahl, als den vehementen Bitten, die an ihn gerichtet wurden, zu entsprechen, auch wenn er sich eine Bedingung auserbat. Einer der Anwesenden müsse nach Bárcena gehen, um seine Frau über das Geschehen zu unterrichten und ihr zu sagen, sie solle sich keine Sorgen machen, wenn er später als sonst nach Hause kommen würde.

Nachdem der verständliche Widerstand des Sattlers gebrochen war und bevor er wieder in den oberen Stock hinaufging, wandte sich der Schankwirt Arciegas erneut an seine Gäste:

»Mir ist klar, dass ich Sie zu so später Stunde und in einer solchen Nacht nicht bitten kann, sich anderswo einen Platz zum Schlafen zu suchen. Wenn Sie also darauf bestehen, die Nacht hier zu verbringen, müssen Sie wohl mit den Decken vorliebnehmen, die ich Ihnen auf die Bank gelegt habe. Ach, und vergessen Sie nicht: Einer von Ihnen muss nach Bárcena fahren, um die Frau des Sattlers zu benachrichtigen.«

Wenig später drangen vom Vorplatz die Geräusche zuschlagender Autotüren und die Stimmen derer zu ihnen, die in den Landrover stiegen und davonfuhren. Es stellte sich heraus, dass alle, die sich jetzt noch im Gasthof befanden, Auswärtige waren. Keiner von ihnen konnte nachvollziehen, dass gestandene Männer nach Hause flohen, nur weil ein Fohlen mit rotem Fell das Licht einer Welt erblickt hatte, die sich unerwartet in ein weißes Kleid hüllte, als wollte sie dem Neugeborenen das einem Messias würdige Willkommen bereiten.

Die Unterbringung der Gäste

»Meine Herren, da wir, wie es aussieht, noch eine lange Nacht vor uns haben, schlage ich vor, dass wir die notwendigen Maßnahmen ergreifen, um diese so angenehm wie möglich zu gestalten, vor allem was das Essen und Trinken angeht.«

Diese Worte stammten von einem Mann mittleren Alters, der von oben bis unten in Schwarz gekleidet war und sogar noch einen Poncho derselben Farbe trug. Er hatte sich am bisherigen Gespräch kaum beteiligt und saß an einem etwas abseits gelegenen Platz halb im Schatten.

Als Chema Salinas ihn sprechen hörte, drehte er sich zu ihm um und betrachtete ihn mit einem verwirrten Gesichtsausdruck.

»Weißt du, wer das ist?«, fragte er Santiago Malpás flüsternd und versteckte sich dabei hinter seinem Weinglas. »Das ist der, der gesagt hat, dass uns der Sturm mit einer verborgenen Absicht hierhergelotst habe. Ist das nicht ein absurder Kommentar?«

»Absurd ist vielmehr, dass dich das, was ein unbedeutender Dorfbewohner von sich gibt, so aus der Fassung bringt«, entgegnete Santiago Malpás.

Doch mit dieser Einschätzung der Bedeutung des Mannes lag er falsch, denn obwohl sich dieser zurückhielt, konnte man nicht leugnen, dass er unter den Stammgästen ein hohes Ansehen genoss. Wenn eine neue Runde anstand, vergaß niemand, ihm das Glas mit Wein aufzufüllen, noch steckte man sich eine Zigarette an, ohne ihm vorher eine anzubieten. Diejenigen, die ihn im Verlauf des Abends aus dem einen oder anderen Grund ansprachen, siezten ihn und nannten ihn »den Herrn Ingenieur«. Da sie nun noch einmal darüber nachdachten, fiel Chema Salinas und Santiago Malpás wieder ein, dass der Mann, als sie sich einander vorstellten, ihnen zwar wie allen anderen auch die Hand gegeben hatte. Aber als Einziger hatte er weder seinen Namen genannt noch irgendeinen Hinweis gegeben, welchen Beruf er ausübte.

Dagegen gab es zwei Männer mit wettergegerbten Gesichtern, die gesagt hatten, sie seien Schäfer und die letzten Vertreter der alten Wandertradition; zwei junge Männer, die sich als Sachverständige bezeichneten und angaben, dass sie das Landwirtschaftsministerium geschickt hatte, und dann gab es noch einen Knirps, der behauptete, er sei Straßenarbeiter und der

Baubehörde der Provinz von Palencia zugeteilt und in letzter Zeit Stammgast des Gasthofs geworden, weil er dort oft eine Rast einlegte, wenn er mit seiner Freundin aus Cabuérniga feiern ging.

Was den Ingenieur anging, konnte man aus der Ehrerbietung, die ihm die Stammgäste entgegenbrachten, schließen, dass sie ihn im Grunde nicht als einen der ihren betrachteten.

»Ich glaube auch, dass wir eine lange Nacht vor uns haben«, sagte Santiago Malpás und drehte sich auf seinem Stuhl, um an die Satteltaschen zu gelangen, die über die Lehne gehängt waren. »Aber ich fürchte, dass wir zur allgemeinen Verköstigung nur diese zwei Flaschen Rioja beitragen können, die wir heute morgen in Logroño gekauft haben.«

»Und ein paar Chistorras, die wir gerne mit Ihnen teilen«, ergänzte Chema Salinas, der seinerseits in den Satteltaschen herumwühlte, bis er eine fettige Tüte aus Kraftpapier fand, in die ein dicker Zopf von dynamitroten Würsten eingeschlagen war. Ein leichter Schimmer im Halbdunkel zeigte den Motorradfahrern an, dass sich auf das Gesicht des Ingenieurs ein Lächeln legte, als er sagte:

»Wenn wir nicht über die Stränge schlagen und ein bisschen Geld hier lassen, wird der Schankwirt Arciegas bestimmt nichts dagegen haben, wenn wir uns in der Vorratskammer bedienen.«

Nachdem sie das gehört hatten, standen die beiden Sachverständigen auf und sagten, sie sähen in der Küche nach, was dort zu finden sei. Der Umstand, dass fast alle Anwesenden nun mehr oder weniger Auswärtige waren, veranlasste Santiago Malpás dazu, frank und frei seiner Verwunderung über das seltsame Verhalten derer zu äußern, die den Gasthof wegen eines rothaarigen Fohlens so überstürzt verlassen hatten. Unterdessen stellten die beiden Sachverständigen einen Laib Brot und ein großes Stück Cabrales-Käse auf den Tisch, ebenso die beiden Flaschen Rioja, die Santiago Malpás gestiftet hatte.

»Eigentlich«, antwortete der Ingenieur Santiago Malpás mit einer Geschwindigkeit, die gleichfalls durch das Fehlen einheimischer Zeugen begünstigt wurde, »handelt es sich um eine lange und alte Geschichte, die sich vor mehreren Jahrhunderten abspielte. Sie wurde mir schon in so vielen Versionen erzählt, dass ich ernsthafte Zweifel an ihrem Wahrheitsgehalt hege, doch letzten Endes rührt ihre Bedeutung daher, dass die Menschen von hier an sie glauben und sich deshalb so verhalten. Aber ich denke dennoch nicht, dass Sie eine Legende, die von Hass und Bitterkeit handelt, gerne hören würden. Im Grunde geht sie auf nichts anderes zurück als auf den fast diabolischen Hochmut und die Maßlosigkeit eines Mannes namens Rodrigo de Vargas y Renedo. Obwohl er aus einer Familie des Hochadels stammte, war jener Mann am Ende seines Lebens ein erbärmlicher Greis, den jeder kannte und an den man sich auch heute in den Liedern, die von den Kindern in den Tälern hier gesungen werden, als den Hinkefuß von Villacarriedo erinnert.«

So wie es aussah

Da sie, so wie es aussah, eine lange Nacht vor sich hatten, blieb den Anwesenden gar nichts anderes übrig, als lebhaft ihr Interesse zu beteuern, die Legende, die von Hass und Bitterkeit handelte, zu hören. Natürlich vorausgesetzt, es mache dem Ingenieur nichts aus, sie ihnen zu erzählen.

Einer der Schäfer hatte ein paar Holzscheite ins Feuer gelegt, nachdem er etwas von der Glut zur Seite geschoben hatte, um eine Pfanne mit den Chistorras von Chema Salinas daraufzustellen, die er mit einem großzügigen Schuss Orujo ablöschte, sodass sie brutzelten.

»Nachher«, sagte der Schäfer, während er sich wieder auf seinen Platz setzte, »könnten wir in dem Fett, das in der Pfanne verbleibt, ein paar Brotwürfel rösten.«

»Da es ja, wie ich vorher in der Küche entdeckt habe, auch Kartoffeln gibt«, sagte der kahlere der beiden Sachverständigen, »könnten wir auch ein paar davon in die Glut legen.«

»Und auch diese Auberginen und roten Paprika!«, sagte der Straßenarbeiter und wedelte erst mit der einen Gemüsesorte, dann mit der anderen herum. Von allen unbemerkt, war er zu dem Hohlraum unter der Treppe gegangen, wo der Schankwirt seinen Gemüsevorrat aufbewahrte.

»Wenn wir die auch noch braten, wäre es besser, den Cabrales-Käse aufzusparen, um ihn zusammen mit ein paar Walnüssen als Nachtisch zu essen. Die sind übrigens in einem Sack, der hinter der Tür zum Innenhof hängt«, fügte der andere Sachverständige hinzu.

Und da auch der zweite Schäfer mit den anderen gleichziehen wollte, merkte er an, dass zwei Flaschen für alle nicht genug seien, und bot sich an, runter in den Weinkeller zu gehen. Wollen wir doch mal sehen, ob der Wirt Arciegas dort nicht einen besseren Tropfen versteckte als den, den er ihnen täglich ausschenkte. Der hatte nämlich eine leicht säuerliche Note.

Nicht viel später herrschte im großen Gewölbesaal, der ihnen nach dem Aufbruch der anderen so ungastlich und trostlos vorgekommen war, auf einmal wieder eine duftende und appetitanregende Betriebsamkeit. Zum kräftigen Geruch des Cabrales gesellten sich das Brutzeln der Chistorras und die unterschiedlichen Aromen, welche die auf der Glut grillenden Kartoffeln, Auberginen und Paprika verströmten. Dazu kam bald auch der Duft der im Wurstfett gerösteten Brotwürfel, zu denen sie ein paar kleingeschnittene Scheiben

Speck gegeben hatten, und eine Chilischote, um auch die Kämpfernaturen unter ihnen zufriedenzustellen. Und da man zu so einem reichlichen Mahl auch viel Wein trinken sollte, war der Schäfer aus dem Weinkeller mit vielen staubigen Flaschen unterm Arm zurückgekehrt, die, wie er versicherte, einen erstklassigen Rebensaft enthielten. Und die er nun – er rechne mal mit einer Flasche pro Kopf – öffnen werde.

»Sie können ruhig trinken, soviel Sie wollen«, fügte er an, »denn auch wenn wir uns noch so sehr ins Zeug legen, die Vorräte, die ich da unten gesehen habe, werden wir nicht erschöpfen.«

All das ließ sie jedoch nicht vergessen, was der Anlass für die ganze hektische Betriebsamkeit gewesen war. Und sobald sie an der Tafel Platz genommen und von den Speisen in der Reihenfolge, wie sie vom Herd kamen, gekostet hatten, kippte der Sachverständige mit dem schütteren Haar zuerst sein bis oben hin gefülltes Weinglas, so als müsste er sich Mut antrinken, und wandte sich dann wieder an den Ingenieur und sprach aus, was alle insgeheim dachten:

»Vergessen Sie bitte nicht: Nachdem Sie Ihren Hunger gestillt haben, müssen Sie uns noch diese Geschichte von Hass und Bitterkeit erzählen, von der Sie gesprochen haben. Aber, wie meine Mutter in solchen Fällen zu sagen pflegt, fangen Sie bitte mit dem Anfang an, und erzählen Sie alles langsam und in der richtigen Reihenfolge, sodass wir verstehen, warum Geschehnisse, die sich vor so vielen Jahren zugetragen haben, noch in der heutigen Zeit Menschen eine derartige Angst einflößen können.«

In diesem Augenblick hielt der Ingenieur sein eigenes Messer, mit dem er eine Chistorra aufgespießt hatte, in der Hand, und sein Mund war voll, weil er sich gerade ein großes Stück Brot hineingeschoben hatte, das er vorher in die Pfanne mit den Brotkrumen, die für alle erreichbar mitten auf dem Tisch stand, getunkt hatte. Und er entschuldigte sich mit vielsagenden Gesten dafür, dass er ihnen nicht antworten konnte. Und gab ihnen mit genauso vielsagenden Gesten zu verstehen, dass er nach dem Essen höchst erfreut wäre, ihnen die Geschichte, die sie hören wollten, zu erzählen – auch wenn er selbst weiterhin ernsthafte Zweifel an ihrer historischen Wahrhaftigkeit hege.

Ein grandioser, aber unmöglicher Traum: Ein ausländischer Herrscher trifft ein

»Vor langer Zeit wurde ein junger Mann namens Carlos, Sohn einer an Demenz erkrankten Regentin, zum König dieser ein wenig gottverlassenen Reiche gekrönt. Er hatte in Gent gleichzeitig mit dem neuen Jahrhundert das Licht der Welt erblickt und dort gelebt, bis er im Alter von siebzehn Jahren in diese Reiche gebracht wurde, um die Königswürde zu empfangen.

Aufgrund der Stürme, in die sie auf ihrer Reise von den Niederlanden gerieten, und eines Navigationsfehlers der biskayischen Steuermänner, unter deren Geleit die Schiffe standen, legte die Königliche Flotte nicht in Bilbao an, wo sie der Regent und die höchsten Würdenträger des spanischen Hofes erwarteten, sondern wurde eines Morgens auf der Höhe der Playa de Tazones vor der Küste Asturiens gesichtet.

Da die einheimischen Asturier den Ankommenden unverhohlen feindselig gegenüberstanden, weil sie in ihnen nicht ohne Grund ausländische Eroberer sahen, befahl der Flottenadmiral, die Feldschlangen an Bord mit Schrapnellen und Nägeln zu beladen, um – falls es notwendig sein sollte – einen Angriff vom Meer aus schnell zurückzuschlagen.

Doch der junge Herrscher wollte nicht, dass es zu einem Blutvergießen käme. Er handelte mit den Einheimischen einen Waffenstillstand aus, und nachdem alle seine Begleiter an Land gegangen waren, zogen sie entlang der Küste Richtung San Vicente de la Barquera los. Die Nachricht von der Ankunft des künftigen Königs verbreitete sich wie ein Lauffeuer von Hafen zu Hafen, und als sein Gefolge in San Vicente eintraf, wurde es schon von den örtlichen Machthabern in prächtigen Gewändern und einer Kohorte des erlauchten Adels der Region erwartet. Doch der gerade angekommene Augustus wollte keine Rast einlegen, um sich auszuruhen, sondern setzte seinen Weg fort, von Cabezón aus durch das Tal von Cabuérniga, in dem wir uns befinden, stieg den Tajahierro bei Los Tojos hinauf und zog nach Palencia weiter. Zur gleichen Zeit eilten der Regent und die Würdenträger des Reiches schnell in jene kastilische Stadt, um dem Monarchen ein würdiges Willkommen zu bereiten.

Nachdem er den Gebirgsriegel, der die Küste von der kastilischen Hochebene trennte, hinter sich gelassen hatte, musste der künftige König aber sehr beeindruckt gewesen sein, schon allein vom Anblick des Weizenmeers zu seinen Füßen, denn er hielt sein Pferd an, um diesen Boden mit eigenen Füßen zu betreten. Er blieb lange Zeit stehen – der Weizen reichte ihm bis zur Hüfte – und betrachtete nachdenklich das Wunder an Licht und Fülle, das von einem Wind bewegt wurde, der so trocken war, dass er ihn für einen afrikanischen hielt; und während er den herben Geruch der Erde einatmete, nahm er seine Kopfbedeckung ab, um auf seinem ganzen Gesicht das unbekannte Gefühl, das diese Feuersonne, die bleiern vom Himmel fiel, in ihm auslöste, zu spüren.

Sein einfältiges Gefolge und die flämischen Berater rührten sich nicht von der Stelle und ertrugen klaglos dieselbe extreme Hitze wie ihr Souverän. Auch wenn sie sich fragten, wie es möglich sein konnte, dass er, dem es zuvor so eilig gewesen war, nun in einer so besinnlichen Ruhe schwelgte. Und als sie sich schon ernsthaft Sorgen machten, weil sie fürchteten, so viel Sonne auf sein bloßes Haupt könnte ihm schaden, sahen sie, wie er zu seinem Pferd zurückkehrte, ein zufriedenes Lächeln über sein Gesicht huschte und er mit seinem Arm freudig winkte, als würde er gleich etwas Wichtiges verkünden wollen. Doch er kam nicht einmal mehr dazu, den Mund zu öffnen, sondern sackte plötzlich wie dahingerafft zu Boden.

Seine Ärzte und seine Gehilfen rannten herbei, um ihn zu behandeln, und stellten fest, dass er von einem heftigen Schüttelfrost gepeinigt wurde. So ernst musste ihnen sein Zustand vorgekommen sein, dass sie entschieden, ihn bis zu den Häusern eines Weilers in der Nähe zu schleppen, und nachdem diese in größter Eile hergerichtet worden waren, legten sie ihn dort unverzüglich in eines der Betten.«

Einen Kanal für den König

»Drei Tage dauerte es, bis sich der künftige König von dem Fieber, den Wahnvorstellungen und der Übelkeit erholt hatte, die ihn in diesen ihm fremden Landen heimgesucht hatten. Aber als er am Morgen des vierten Tages aufwachte, war er nicht allein, denn die örtlichen Adligen hatten beschlossen, die Tages- und Nachtstunden untereinander aufzuteilen, sodass immer einer von ihnen an seinem Bett wachte, um seinen Wünschen nachzukommen. Der Zufall wollte es, dass an dem Morgen des vierten Tages, als der künftige König zwar geschwächt, aber ohne Fieber aufwachte, ein junger Mann namens Rodrigo de Vargas y Renedo, der Erstgeborene des Hauses der Villacarriedo, die Nachtwache hielt.

Der Kranke brauchte ziemlich lang, bis ihm wieder einfiel, wo er war und in welchen Umständen er sich befand. Aber nachdem ihn sein junger Begleiter in groben Zügen aufgeklärt hatte, bat er ihn mit brüchiger Stimme, eines der Zimmerfenster zu öffnen. Und wieder betrachtete er nachdenklich das wogende Weizenmeer, durch das eine mit exotischen Gerüchen und Essenzen angereicherte Brise fuhr und das so weit gen Süden reichte, dass sich sein Ende aus den Augen verlor. Dann drehte er sich in seinem Bett um und bat ihn, auch die Fenster auf der gegenüberliegenden Zimmerseite zu öffnen, und betrachtete mit derselben besinnlichen Kraft jenes steile Gebirgsmassiv, das er vor Tagen durchqueren musste, um von der Küste hierherzugelangen. Und auf einmal griff er nach Rodrigos Arm, um ihn herab zum Bett zu ziehen, und als sein Mund fast das Ohr des Knaben berührte, flüsterte er ihm zu:

›Da, genau da, werde ich einen Kanal bauen, der Kastilien und Flandern miteinander verbindet und den Handel zwischen beiden ermöglicht.‹

Da der Kranke so schwach war, dass er alle zwei, drei Worte innehalten und Luft holen musste, und da er auch nicht gut Spanisch sprach und ihm immer wieder germanische Ausdrücke unterkamen, nickte Rodrigo bloß lächelnd. Doch er maß dem Gehörten nicht die geringste Bedeutung bei. Er war sich sicher, dass er ihn falsch verstanden hatte. Einen Kanal bauen mitten durch das Kantabrische Gebirge? Sonst noch was?

Aber als die Ärzte und seine Gehilfen ihn gewaschen und mit den mitgebrachten Heilsalben eingerieben hatten, sprach der Kranke wieder, und diesmal klar und präzise, von dem Kanal, den er zu bauen gedachte und der jene dunkle und neblige Welt, in der er seine Kindheit und Jugend verbracht hatte, mit diesem anderen Universum von Weizen und Sonne verbinden und den Handel zwischen beiden ermöglichen sollte.

›Mit Weizen beladene kastilische Barkassen werden die flämischen Schiffe mit einer Fracht aus Tüchern und Seidenspitze kreuzen‹, sagte er.

Die Ärzte, seine Gehilfen und die übrigen Zeugen wechselten aufgeregte Blicke, fürchteten, dass seine Worte eine Ausgeburt des Wahns seien, der infolge des hohen Fiebers seinen Geist vielleicht für immer in Gefangenschaft genommen hatte. Aber an den zwei Tagen, an denen er weiter Bettruhe wahren musste, bestand er so sehr darauf, über diesen Kanal zu sprechen, dass seine Gehilfen zu dem Schluss kamen, dass es ihm ernst damit war. Nachdem sie sich lange mit den königlichen Baumeistern beraten hatten, war ihnen klar, dass sie ihm den Kanal ausreden mussten. Sie erklärten ihm, dass man sich für seinen Bau durch sehr hohe Berge bohren, schwindelerregende Abgründe überbrücken und mit einer Reihe von Schleusen riesige Höhenunterschiede ausgleichen müsste. All das nur, um schließlich noch lange vor Flandern in das Territorium des feindlichen Frankreich vorzudringen.

›Dann nehme ich meinem Cousin eben Frankreich weg und gliedere seine Gebiete meinem Reich ein und mache seine Untertanen zu meinen Leibeigenen‹, entgegnete er.

Und da an den Gesichtern der Anwesenden immer noch ihr Unverständnis abzulesen war, fügte er, als er auf das Pferd kletterte, um die Reise Richtung Palencia fortzusetzen, in höchst feierlichem Ton hinzu:

›Ich schwöre bei meiner Ehre – der Himmel sei mein Zeuge –, dass ich diesen Kanal bauen werde, auch wenn es die erste und die letzte meiner Amtshandlungen sein wird, sobald ich diesen Thron bestiegen habe.‹

Die Baumeister und die Ärzte sowie seine Gehilfen und die zahlreichen Zeugen verfolgten bestürzt, dass der König, wenn er von dem Ort sprach, an dem die Bauarbeiten an seinem Kanal beginnen sollten, jedes Mal mit einer sonderbaren Beharrlichkeit auf eines der felsigen und dunklen kleinen Täler zeigte, die an ihren beiden Enden von hohen Bergen versperrt sind und einen Teil des hinter uns liegenden Gebirgsmassivs bilden, das wir heute Sierra de Bárcena nennen.

Was Rodrigo de Vargas y Renedo betrifft, war er der Einzige unter den Anwesenden, der die Worte des künftigen Königs für bare Münze nahm – auch wenn ihm das erst später bewusst werden sollte. Und als der Souverän und der Regent vor den Toren von Palencia zum Glück endlich aufeinandertrafen, sah der junge Rodrigo ein, dass seine Anwesenheit dort schon nicht mehr vonnöten war, und reiste nach Villacarriedo zurück. Er war tief in Gedanken versunken.

Genauer betrachtet, sagte er sich, gilt das Wort eines Königs genauso viel wie ein von seinen Bankiers gedeckter Schuldschein oder wie sein Gegenwert in Gold. Und einmal ausgesprochen, hat das königliche Wort Gesetzeskraft – und wehe dem, der es wagt, sich ihm zu widersetzen oder so zu tun, als hätte er es nicht vernommen, denn damit beginge er Hochverrat.

Als er am Krankenbett wachte, entdeckte Rodrigo, dass beide an dem Tag und der Stunde, in der das neue Jahrhundert begonnen hatte, das Licht der Welt erblickt hatten. Und diese triviale Tatsache, zusammen mit dem Wohlwollen, das er ihm entgegenbrachte, als er genas, schien bei dem jungen Rodrigo einen tiefen Eindruck hinterlassen zu haben. Er hielt den König schon nicht mehr nur für einen rechtschaffenen Mann, der blindes Vertrauen verdiente, sondern er war sich auch der Existenz einer gewissen Ähnlichkeit oder Parallelität zwischen ihnen beiden sicher. Als ob sie seelenverwandt wären.«

Ein kurzer historisch-kulinarischer Exkurs

»Wenn Sie erlauben«, sagte der Ingenieur, während er sich mit bemerkenswerter Geschicklichkeit einer Grillzange bediente, um eine neue Ladung Kartoffeln aus der Glut zu holen, die einmal auf dem Tisch zwar verkohlt aussahen, wenn man sie aber halbierte, sich als innen noch hell und überaus schmackhaft herausstellten. Hatte man die erste Runde noch als Grundlage serviert, auf die üppige Portionen gegrillter und in Aioli getunkter Auberginen und Paprika verteilt wurden, dienten die Erdäpfel, die nun aufgetischt wurden, als Beilage zu ein paar *morcillas de arroz*, die der Straßenarbeiter in der Aussparung unter der Treppe hinter einigen Knoblauchzöpfen entdeckt hatte. Die Blutwürste wurden auch über der Glut gegrillt, während die Knoblauchzöpfe in einiger Distanz zum Feuer auf den Steinboden gelegt worden waren, damit sie zwar erwärmt wurden, aber nicht verbrannten.

»Ich muss dazu sagen«, fuhr der Ingenieur fort, der seinen Stuhl an den Brennholzstapel gelehnt hatte, »dass ich mir die Freiheit, ausführlich zu erzählen, worüber der junge Rodrigo auf seiner Rückkehr nach Villacarriedo nachdachte, nur herausgenommen habe, weil diesen Reflexionen im Verlauf der späteren Ereignisse eine entscheidende Bedeutung zukommen wird. Und ich hebe sie auch deshalb so hervor, weil von ihnen kein schriftliches Zeugnis in den Akten und Protokollen des Prozesses zu finden ist, den die Heilige Inquisition gegen die Villacarriedos einleiten sollte und in dessen Verlauf alle Mitglieder der Familie als Aufrührer, Verräter und falsche Konvertiten bezichtigt und dann nach Mallorca verbannt wurden, wo einer nach dem anderen aus Gram und Schmach sterben sollte. Da ich aber mit solchen Einzelheiten weit vorgreife und mich unser junger Freund hier gebeten hat, eins nach dem anderen zu erzählen, erlaubt mir also, wieder zu der Situation zurückzukehren, in der sich die Grafschaft von Villacarriedo befand, als die Krönung des Königs gefeiert werden sollte.

Im Norden begrenzt durch die unangreifbare Stadt Santander, im Süden durch die steilen Hänge des

Kantabrischen Gebirges und im Osten durch die Gebiete der mächtigen und verhassten Balmasedas, blieb dem Hause Villacarriedo nichts anderes übrig, als sein Hoheitsgebiet in unsere Richtung auszuweiten, sprich, in die Valles Contiguos del Pas, das Besaya- und das Saja-Tal vorzurücken. Diese Ausdehnung stieß bei den Bewohnern jedoch auf heftigen Widerstand, und zurzeit von Rodrigos Großvater, der genau wie er Rodrigo hieß, war die Annexion des Saja-Tals noch nicht vollzogen, aufgrund des unglücklichen Umstands, dass, kurz bevor die Annexion der Sierra de Bárcena erfolgreich abgeschlossen werden konnte, der alte Graf in einen Hinterhalt geriet und tödlich verwundet wurde.

Just als es schien, sie wären endlich auf dem Gipfel ihrer Macht angelangt, läutete der denkbar ungelegene Tod den Anfang vom Endes des Hauses Villacarriedo ein. Die Leitung der Familiengeschicke fiel nämlich dem Erstgeborenen zu, Estanislao de Vargas, einem aufgedunsenen, schwachbrüstigen Mann, der sich auch noch darüber bewusst war, dass er der Aufgabe, die ihm das Schicksal zugewiesen hatte, nicht gewachsen war. Der einzige Grund, warum er sie nicht ausschlug, war sein Eifer, genauer gesagt, seine Habgier. Er war davon überzeugt, dass ihm das Schicksal ein unverhofftes Glück bescheren sollte, das ihn reich machen und ihm erlauben würde, den Rest seiner Tage ruhig und sorglos zu verbringen. Für den Fall, dass dies einträte, hatte er vorgesehen, die schweren Aufgaben, welche die Regentschaft über eine widerspenstige Grafschaft mit sich brächte, seinem Sohn Rodrigo zu überlassen.«

Der Kanal kommt unerwartet voran

»Als der zukünftige Conde von Villacarriedo, nachdem er sich in Palencia vom künftigen König verabschiedet hatte, das elterliche Anwesen erreichte, schien ihr aller Schicksal bereits entschieden. Vor der versammelten Familie – der Graf und die Gräfin saßen am Kopf des Tisches und die Schwestern und Brüder mit ihren jeweiligen Angetrauten auf den verbleibenden Stühlen – musste Rodrigo auf Bitten der Jüngsten erzählen, wie der König und seine flämischen Begleiter waren und wie ihrerseits die kastilischen Adligen und der Regent aussahen oder wie sich die Spiele und Vergnügungen gestalteten, an denen man sich an den ausländischen Höfen erfreute.

Bis Estanislao de Vargas plötzlich seinen Silberbecher auf den Tisch schlug, um das Geschwätz zu unterbrechen. Mit dem gierigen Ton dessen, der endlich sein unverhofftes Glücks witterte, fragte er:

›Was ist das für ein Kanal, den der König hier zu bauen beabsichtigt?‹

Der junge Rodrigo musste das, was sich an dem Morgen, an dem der König aufgewacht war, zugetragen, und das, was er bei dieser Gelegenheit und in den folgenden Tagen über den Kanal gesagt hatte, in allen Einzelheiten berichten. Als er seine Ausführungen beendet hatte, war Estanislao de Vargas' Habsucht derart entfacht, dass sein aufgedunsenes Gesicht, das zur Hälfte unter den Wülsten begraben lag, die von den Mundwinkeln bis zur Brust reichten, zu leuchten schien.

›Ich denke, wir sollten die Gelegenheit beim Schopfe packen‹, sagte Estanislao de Vargas, als er seinen Sohn und Erstgeborenen zur Seite ziehen konnte. ›Wenn wir unseren Mitstreitern und den Ereignissen jetzt nicht zuvorkommen, dann wird es hinterher zu spät sein.‹«

Die ersten Schwierigkeiten tauchen auf

»Der junge Rodrigo stimmte seinem Vater zu. Die Stunde, das Heft in die Hand zu nehmen, war gekommen. Und die Habgier des einen, gepaart mit dem maßlosen Ehrgeiz des anderen, würden die zwei Schlachtrösser des Gespannes sein, welche das Schicksal aufgestellt hatte, um das Haus Villacarriedo in den Ruin zu treiben.

Da ihnen bewusst war, dass man, um in den Bergen den Boden aufzugraben, Pickel, Schaufeln und Hacken brauchte, erwarben Vater und Sohn die alten Eisenhütten von Las Fraguas mit dem Plan, deren Produktionskapazität zu verhundertfachen; sie rissen gewaltsam die Kali-Minen in Cabezón an sich, mit dem Ziel, das Monopol über das Schwarzpulver zu erringen, das man für die Sprenglöcher benötigte; sie bemühten sich, das alleinige Recht zur Nutzung des Waldes der Sierra de Bárcena zu erhalten; sie erwarben die Rechte, um Handwerkszeug und Lebensmittel zu verkaufen sowie neue Wege anzulegen, und zum Erstaunen des königlichen Repräsentanten wogen sie die Zollrechte für den gesamten Flussverkehr, der zwischen dem Raunen der hohen Bergen entstünde, mit Gold auf. Um sich eine wirksame Kontrolle über die Täler zu sichern, führten sie schließlich einen Frondienst für die tüchtigsten ihrer Leibeigenen ein und holten einen ehemaligen General der flämischen Truppen zu sich, damit er aus der Handvoll einfältiger Bauern eine disziplinierte und wohltrainierte Arbeitstruppe machte.

Doch auch mehr als drei Jahre nachdem der junge König aus dem Ausland den Thron bestiegen hatte – Jahre, die von Kriegen und Aufständen in allen vier Himmelsrichtungen gezeichnet waren –, hatte Villacarriedo nicht eine einzige offizielle Anordnung, den Kanal betreffend, erreicht. Und auf dem Anwesen der Villacarriedo breitete sich Ernüchterung aus.

Am Ende kann das, was für einen König nur ein Traum ist, der kommt und wieder geht, für sein Volk und noch mehr für jene, die das Wort des Königs unhinterfragt für Gesetz halten, zu einem Albtraum ungezählter Jahre des Schreckens werden. Und so schlug die Ernüchterung in Panik um, als Villacarriedo die Nachricht erreichte, der König habe Valladolid in Richtung La Coruña verlassen, mit der Absicht, sich nach Flandern einzuschiffen. Offenbar musste er dort einen neuen Aufstand niederschlagen, angezettelt von einem Mönch aus Obersachsen, der mit seinen Predigten den halben Klerus der Christenheit aufgehetzt hatte. Diejenigen, die glaubten, die Geheimnisse des Hofes zu kennen, versicherten, dass es zu einem langen und teuren Krieg auf europäischem Boden kommen würde.

Zu dieser Zeit sah der Vater von Rodrigo noch dicker und aufgedunsener aus als je zuvor. Er hatte die Habgier gegen die Völlerei eingetauscht, und als Folge seiner ausgiebigen Gelage führten ihn seine Schritte geradewegs zu einer Bank, halb Sessel, halb Bett, auf der er den Rest seines Lebens zu verbringen drohte. Deswegen sah sich der junge Rodrigo auf natürliche, aber auch unumkehrbare Weise gezwungen, die Verantwortung, die dem Erstgeborenen zufiel, anzunehmen und vor allem auch den wirtschaftlichen Verpflichtungen nachzukommen, die sie wegen des ominösen Kanals eingegangen waren.

›Ich lasse es nicht zu, dass irgendjemand die Worte des Königs in Zweifel zieht‹, erwiderte er seinen Brüdern und Schwestern, als diese, gedrängt von ihren Angetrauten, zu ihm eilten und ihn anflehten, dem Albtraum ein Ende zu setzen und zu retten, was von ihren einst so zahlreichen Gütern übriggeblieben war.

›Eines Tages wird sein Wille die Mauer der Günstlinge und Schmarotzer, die sich zwischen das Volk und den König stellen, durchdringen‹, fuhr Rodrigo in einem Ton fort, der allmählich an Vertrauen und Stärke gewann, ›und dieser Tag wird das Blatt unseres Schicksals wenden. Denn der König wird das Versprechen einlösen, das er vor so vielen Zeugen gegeben hat.‹

Besser als alle anderen wusste Rodrigo jedoch auch, dass der königliche Wille so schnell wie möglich diese Mauer, die zwischen König und Volk stand, überwinden musste. Denn mittlerweile verfolgten ihn eine immer größere Meute aus Gläubigern und Wucherern nicht nur auf Schritt und Tritt, sondern sie führten sich immer ungeduldiger und rüpelhafter auf.«

Von der Schwierigkeit, einen guten Verdauungstrunk aus dem Stegreif herzustellen

»Das heißt«, schloss der Ingenieur, der unvermittelt aus dem Halbschatten hinter einem Stapel Brennholz heraustrat, »dass er, der stattliche und gefeierte Erbe des Hauses von Villacarriedo, der seine Tage in Begleitung von Damen hoher Abstammung und anderen jungen und adligen Erben verbrachte, sich nun nächtelang mit Gläubigern und Wucherern herumschlagen und versuchen musste, die Begierden einzudämmen, die diese umtrieben. Aber gestatten Sie mir«, fügte er hinzu, »nur eine kurze Unterbrechung.«

Und schob dann einen der Ziegel, die an den beiden Seiten der Glut lagen, mit seiner Stiefelspitze so zurecht, dass er einen riesigen, verrußten Kessel mit Wasser daraufstellen konnte.

Kurz zuvor waren die beiden Sachverständigen mit der schockierenden Nachricht aus der Küche gekommen, dass sie keinen Kaffee finden könnten, obwohl sie alle Wandschränke durchsucht hätten; und dass selbst die riesige Kaffeedose, die Arciegas im Vorratskeller für Notfälle aufbewahrte, leer sei. In dem Augenblick aßen die Gäste gerade die letzten Krümel Cabrales zusammen mit Walnüssen, die sie mit einem kräftigen Schlag auf den Tisch knackten und dann die Schalen ins Feuer warfen, allein weil es ihnen Freude bereitete zu sehen, wie sie von den blauen Flammen verzehrt wurden und knisternd Funken schlugen. Doch die Nachricht, dass es keinen Kaffee gab, machte sie ein wenig unruhig. Denn vor ihnen lagen eine lange Nacht und eine schwere Verdauung, und beides ohne angehen zu müssen, erschien ihnen wenig verlockend. Vor allem für diejenigen, die sich schon die Lippen leckten in Gedanken an einen Kaffee mit einem Schuss Orujo, den sie trinken und dabei die Havannas rauchen würden, die einer von ihnen in dem kleinen Zimmer, das Arciegas sein Büro nannte, entdeckt hatte.

Zum Glück konnte Chema Salinas die Situation retten, indem er sich als Fachmann für Aromen zu erkennen gab, der über die Fähigkeit verfüge, einen Verdauungstrunk zuzubereiten, der so schmackhaft sei, dass er den Anwesenden nicht nur über ihre Verdauungsbeschwerden hinweghelfen würde, sondern sie auch vergessen ließe, dass so etwas wie Kaffee überhaupt existierte. Während einer der Schäfer und der Straßenarbeiter die Glut zwischen den beiden Ziegeln schürten, auf denen der riesige, verrußte Kessel stand, kam Chema Salinas aus der Küche mit verschiedenen Kräutern zurück, die er dort gefunden hatte und ins Wasser warf, als es aufkochte. Dann schüttete er die beiden Flaschen Orujo hinein, die er vorher ans Feuer gestellt hatte, um ihren Inhalt zu erwärmen.

Nachdem er lange in seinen Satteltaschen herumgewühlt hatte, fand er ein Fläschchen, gefüllt mit einer leicht öligen, bernsteinfarbenen Flüssigkeit, die er zwischen Zeigefinger und Daumen nahm und hin- und herschüttelte. Das Fläschchen weckte das Interesse des Ingenieurs sodass er seine Erzählung unterbrach. »Dürfte ich mir das mal ansehen?«, fragte er Chema Salinas.

»Klar«, sagte der Motorradfahrer und reichte ihm das Fläschchen. Selbstgewiss und ruhig verfolgte er, wie der Ingenieur sehr vorsichtig den winzigen Verschluss öffnete und sich das nicht weniger winzige Gefäß unter die Nase hielt, um daran zu riechen. Dann strich dieser mit der Kuppe seines Zeigefingers über den feuchten Teil des Verschlusses, führte sie an den Mund und leckte mit seiner Zungenspitze darüber, um dann mehrmals zu schnalzen, während er sehr ähnliche Bewegungen und Geräusche von sich gab wie ein Weinverkoster.

»Bilsenkraut und Schwarzer Nachtschatten, ganz eindeutig«, sagte der Ingenieur und fuhr mit der Zungenspitze noch einmal über die Kuppe seines Zeigefingers. »Und Weißer Stechapfel und Alraunen, aber da ist noch ein Geschmack, den ich nicht erkenne. Gelber Hornmohn?«

»Schöllkraut«, sagte Chema Salinas, der seine Genugtuung nicht verbergen konnte. Obwohl er dem Ingenieur gegenüber zuerst Misstrauen gehegt hatte (seine Bemerkung hinsichtlich des Unwetters beschäftigte ihn immer noch), schien er nun erfreut, auf einen Gleichgesinnten gestoßen zu sein, der zu würdigen verstand, wie schwer es war, das Beste aus diesen fünf Zutaten zu extrahieren und zu erreichen, dass sich ein angenehmer Geschmack (um gar nicht erst von den Eigenschaften zu sprechen) ergibt. Aber man merkte ihm auch an, dass er etwas verdrossen war. In keinster Weise hatte er vorhersehen können, dass er in einem baufälligen, in einem Meer von Bergen verlorenen Gasthof auf jemanden treffen würde, der vier der fünf Ingredienzien, mit denen er diese von ihm erfundene Mixtur zusammengebraut hatte, herausfände. Nur drei Tage vorher hatte es einigen Pariser Motorradfahrern wegen des Trunks die Sprache verschlagen, die sie zufällig in einem Hotel an der Costa Brava kennengelernt hatten und die damit prahlten, schon alles Gute, was das Leben bereithielt, probiert zu haben.

»Was ich allerdings auch nicht herausschmecken kann«, beeilte sich der Ingenieur zuzugeben, als er sich bewusst wurde, dass er sich womöglich ein wenig arrogant gegenüber dem jüngeren der beiden Motorradfahrer gezeigt hatte, »was ich nicht erkenne, ist die Flüssigkeit, die Sie verwendet haben, um die Pflanzenextrakte miteinander zu mischen. Kokosöl?«

»Nein«, sagte Chema Salinas leicht triumphierend, »Leinöl.«

Und der Witz musste wirklich gut sein, denn beide brachen in ein schallendes Gelächter aus, das in den Augen von Santiago Malpás nichts Gutes verhieß. Nach so vielen Jahren und Kilometern in Begleitung eines Fachmanns für Essenzen wusste er, wie zwei Alchimisten miteinander Scherze trieben, wenn sie Rezepte austauschten und die Entdeckungen aus dem Labor rühmten. Deswegen schaltete er sich besser sofort ein, auch wenn ihm bewusst war, dass sein Einwurf rein gar nichts mit der Situation zu tun hatte.

»Wenn mich die Erinnerung an meine Lektüren nicht trügt, dann musste dieser König von dem Moment an, in dem er den Thron bestieg, sowohl hier als auch im Ausland eine Reihe von Feldzügen unternehmen, die sich praktisch bis zu dem Zeitpunkt hinzogen, in dem er beschloss, die Gewalt über das Reich, das er bis dahin geschaffen hatte und in dem, wie sogar seine größten Feinde anerkannten, die Sonne nie unterging, seinem Erstgeborenen zu übertragen. Ich will damit sagen, dass ihm wohl nicht viel Zeit geblieben ist, um an den Kanal zu denken.«

»Ja, so war es, in der Tat«, sagte der Ingenieur und nahm wieder seinen Platz im Halbdunkel ein, verfolgte aber weiterhin aufmerksam, was Chema Salinas anstellte. Da dieser die Vorkehrung getroffen hatte, die Kräuter in ein Tuch zu schlagen und dessen vier Ecken zu verknoten, konnte er das Bündel nun leicht wieder herausfischen, nachdem der Geschmack der Kräuter wie bei einem Tee ins Wasser übergangen war. Und nun träufelte er die ölige bernsteinfarbene Flüssigkeit hinein und zählte die Tropfen, die er durch geschickte Drehungen seines Handgelenks aus der Flasche herausschüttelte (»Normalerweise vier auf einen Liter«, erklärte er).

Der junge Rodrigo übernimmt das Kommando

»Auf alle Fälle«, fuhr der Ingenieur fort, »war dies die Lage in den Valles Contiguos, als Villacarriedo am Dreikönigstag im 28. Jahr des Jahrhunderts die Nachricht erreichte, dass der König, alarmiert durch Aufstände, die in den lange Zeit vergessenen Gebieten ausgebrochen waren, ein germanisches Heer in Flandern versammelte, mit dem er zu Anfang des Sommers in San Vicente erwartet wurde.

Der junge Rodrigo wollte in der Rückkehr des Königs ein Zeichen ausmachen, dass das Schicksal der Villacarriedos endlich einen anderen Lauf nahm. ›Ich habe unseren Leibeigenen einen neuen Frondienst auferlegt‹, teilte er wenige Stunden später seinem Vater mit, den er in der Palastküche antraf, wo dieser mit einem Messer in den Resten des Abendessens, einem in Apfelsaft geschmorten und mit Kastanienpüree servierten Auerhahn, herumstocherte, ›ich habe auch die Vorarbeiter angewiesen, dass sie mir zweihundert Fuhren Holz bereitstellen, und nun habe ich alle unsere Fiaker zu den Bergleuten geschickt, damit sie ihnen die Werkzeuge und das Schwarzpulver bringen, das sie benötigen, um Löcher in das Gestein zu treiben.‹

›Warum bist du plötzlich so eifrig? Es ist doch noch so früh am Morgen?‹, wandte sein Vater ein. Wie dieser nun feststellen musste, hatte er am Vorabend von dem Auerhahn nur ein paar Knochen übriggelassen, an denen zwar noch Kastanienpüree klebte, die aber sonst auf fast beleidigende Weise abgenagt waren.

›Ich schätze, dass ich bis Juni, für den der König seine Ankunft angekündigt hat, auf der Länge des Tals, auf das er zeigte, als er von dem Kanal sprach, einen Graben ausgehoben haben werde‹, erwiderte der junge Rodrigo und drehte sich um, um durch das kleine Fenster der Speisekammer nach draußen zu schauen. Wenn er seinem Vater nun den Rücken zuwandte, dann eigentlich nur, um nicht mit ansehen zu müssen, wie dieser über die Räucherheringe herfiel, die er in einem Schrank gefunden hatte und die er nun verschlang, nicht ohne sie zuvor in einem Fässchen Schweineschmalz ausgiebig gewälzt zu haben.

›Ich hoffe‹, sagte Rodrigo zu sich selbst, als er sich entfernte, ›dass der König, wenn er den ersten Abschnitt des Kanals vollendet sieht, sich auch an seinen damaligen Traum erinnert. Oder zumindest daran, dass er vor zahlreichen Zeugen sein Wort gegeben hat und deswegen in der Pflicht steht es zu halten.‹

Ohne sich von den starken Schneestürmen beeindrucken zu lassen, die zu Jahresbeginn hoch in den Bergen tobten, schickte Rodrigo einen Trupp von Bergmännern mit Pickeln und Bohrern nach dem anderen zu den vereisten Felsen. Unterstützt wurden sie von einem Heer von Fuhrmännern, Steinmetzen und Zimmerleuten. Als im Frühling das Eis schmolz, hatten sie das Kanalbett schon entlang des Fußes eines Berges ausgehoben, der so steil abfiel, als hätte man ihn mit der Spitzhacke traktiert; fertig waren auch die Stützpfeiler, die die felsige, in den Abgrund ragende Böschung abfingen, und die Leinenpfade für die Kanalpferde. In die Felsen, die das Tal auf beiden Seiten begrenzten, meißelten sie sogar schon die Münder der Tunnel, die eines Tages die angrenzenden Berge durchqueren würden, damit der Kanal in der einen und anderen Richtung sein Ziel erreichen würde.

Dann erhielten sie die Nachricht, dass der König nicht mit dem Rest der Flotte und dem Armeekorps auf direktem Wege nach San Vicente gekommen, sondern erst nach England gefahren sei, um seinem Onkel, dem König jenes Landes, einen Besuch abzustatten. Doch Rodrigo war über diese Veränderung nicht verärgert, sondern vielmehr erleichtert. Sie gab ihm mehr Zeit, denn er hatte im letzten Moment entschieden, den Kanal mit Wasser zu füllen, um Eindruck zu schinden.

Und seine Arbeiter waren noch damit beschäftigt, in letzter Minute eiligst die Schäden auszubessern, die eine Gerölllawine angerichtet hatte, als der Späher, den man aufgestellt hatte, in vollem Galopp eintraf und die Nachricht überbrachte, dass die königliche Galeere und seine Eskorte unter den donnernden Salutschüssen des Geschwaders, das sie bei ihrer Einfahrt in die wunderbare Trichterbucht empfangen hatte, den Hafen von San Vicente erreichten.«

Am Vorabend einer unverzeihlichen Schmach

»Der dicke und schlechtgelaunte Conde von Villacarriedo wurde in Begleitung einer distinguierten Gefolgschaft eiligst entsandt und mit reichlich Geldmitteln ausgestattet, um so viele Minister und Günstlinge wie nötig zu bestechen und das Privileg einer Privataudienz zu erhalten. In ihrem Verlauf sollte dem König als Willkommensgeschenk die Einladung Rodrigos überbracht werden, den Anfang jenes Kanal einzuweihen, den er erträumt hatte, als er seine Reiche zum ersten Mal betrat, und den er öffentlich zu vollenden gelobt hatte, auch wenn dies seine letzte Amtshandlung auf dem Thron sein würde.

Rodrigo befahl unterdessen, eine Kette von Spähern aufzustellen, ausgerüstet mit auffälligen Signalflaggen, deren Mission darin bestand, den gesamten Weg von San Vicente bis hierher zu überwachen, um ihn über die Bewegungen des königlichen Gefolges mithilfe eines für diesen Anlass extra vereinbarten, ausgeklügelten Signalcodes umgehend in Kenntnis zu setzen.

Laut des Protokolls, das ihm der königliche Mayordomo gegen die Zahlung einer Unsumme von Geld überlassen hatte, würden sich der König und sein Anhang gleich nach dem Landgang zum Kloster von Santa María de la Barca begeben, wo man ihnen Schlafgemächer hergerichtet hatte. Nachdem sie sich von den Strapazen der Reise erholt hätten, würden der Monarch und seine Gefolgschaft am nächsten Morgen die Reise zum Hof auf dem Landweg wieder aufnehmen. Eine Armeeeinheit würde ihnen in gebührendem Abstand folgen. Der königliche Mayordomo war der Ansicht, dass der geeignete Moment, um eine Audienz zu ersuchen, gleich nach dem Frühstück sei. Der König würde dann ausgeruht sein und sich darauf freuen, das Schiff gegen eine bequeme Sänfte einzutauschen, in der man ihn über Cabezón und Reinosa bis nach Palencia und Valladolid tragen würde. Dann würde, deutete der Mayordomo vorsichtig an, der König dem Gedanken, einen kleinen Umweg zu machen und der Einweihung dieses Kanals, den die Villacarriedo ihm unbedingt zeigen wollten, beizuwohnen, nicht grundsätzlich ablehnend gegenüber stehen.

Und in der Tat informierte am folgenden Tag das feierliche Schwenken der Fähnchen ganz nach Plan, dass der König wohlausgeruht aufgestanden war und sich nach dem Frühstück in seine Gemächer zurückgezogen hatte, zuerst mit seinen Ministern und Beratern, später mit seinen Steuermännern und Admiralen. Bei der in der Bucht ankernden Flotte wurde unterdessen eine emsige Betriebsamkeit ausgemacht. Und es verbreitete sich die Kunde, dass der Conde und seine ansehnliche Gesandtschaft zwischen der einen und der anderen Besprechung im Kloster bereits vorgelassen worden waren, um vom König empfangen zu werden.«

Umstände, die die Schmach vertiefen

»Natürlich hätte sich nicht einmal Rodrigo einen Signalcode ausdenken können, mit dem man ihm von Späher zu Späher die Abfolge der Akte übermittelt hätte, von dem Moment an, in dem sich die Tore des Konvents von Santa María de la Barca hinter den Gesandten der Villacarriedos schlossen.

Es muss erst einmal gesagt werden, dass der König in der Nacht, die er in dem Kloster verbrachte, einen Traum hatte. Oder genauer gesagt, einen Albtraum, in dem er jenen Traum, den er gehabt hatte, als er diese Landschaft voll Weizen und Sonne zum ersten Mal betrachtet hatte, vollendet sah: Brücken, deren Pfeiler sich haltsuchend in den Abgrund bohrten, herrliche Bögen, die anmutig und filigran über tiefe Schluchten führten, finstere Tunnel ohne erkennbares Ende, die allem Anschein nach beweisen sollten, wie unbedeutend die Natur ist, wenn sie versucht, dem Willen eines Souveräns steinerne Hindernisse in den Weg zu legen.

Einen Bau, den man ein Jahrhundertwerk nannte, gerade weil man zuvor gesagt hatte, es sei unmöglich, ihn zu Ende zubringen. Und da ein solches Wunder nun fertig war, um in Betrieb genommen zu werden, hatte man Einladungen in alle christlichen Königreiche verschickt, damit ihre weltlichen Monarchen und geistlichen Oberhäupter diesem bedeutsamen Ereignis beiwohnten.

Und dem König wurde in seinem Traum das Glück zuteil zu sehen, wie sich aus allen vier Himmelsrichtungen ein einziger schillernder Fluss von mit Kronen und Mitren geschmückten Häuptern bis zu seiner erlauchten Person ergoss.

Allerdings traf der vielköpfige Aufzug nicht fröhlich und feierlich ein, sondern schweigend und bedrückt, denn sie kamen nicht, um ein Wunderwerk zu bestaunen, sondern zu einer Beerdigung. Eine Bestattung, die mit großem Pomp und Leidklage vom römischen Papst abgehalten wurde und der die wichtigsten Kardinäle, Erzbischöfe und Äbte der Christenheit beiwohnten. Eine Totenfeier, wie sie einem weltlichen Imperator dieser Welt würdig war, der nun an Bord einer bescheidenen Barkasse seiner Sterblichkeit erlegen war. Und in diesem unheilvollen Moment war nur ein so fabelhafter Kanal ehrwürdig genug, seine unglückseligen sterblichen Überreste in sein nebliges Heimatland zu überführen.

Natürlich nahm sich der König, kaum dass er, in kalten Schweiß gebadet, aufwachte, fest vor, diesen Traum nie wieder zu träumen. Und beim Frühstück noch rief er seine Minister und Günstlinge herbei und befahl ihnen unter Androhung des schlimmsten Strafen, in seinem Beisein nie wieder auch nur die geringste Andeutung auf jenes unheilvolle und abwegige Projekt zu machen, das er von nun an für ein böses Omen hielt.

Nachdem er von dem Traum des Königs erfahren hatte und da er nicht die geringste Absicht hatte, den Souverän mit der aberwitzigen Einladung zu belästigen, die ihm jene Hinterwäldler, die sich einbildeten, vornehme Herren zu sein, überbringen wollten, sperrte der Mayordomo sie in eines der Nebengebäude des Konvents ein – nicht ohne sie vorher glauben zu machen, es handele sich um das Vorzimmer zu den königlichen Gemächern.

Wie hätte Rodrigo angesichts solch unerwarteter Ereignisse mit seinen Spähern einen Code vereinbaren können, mit dem sie ihm erstens hätten mitteilen können, dass, während die königliche Wache den Conde und seine Begleiter (die nicht den geringsten Widerstand leisteten, da sie bis zuletzt glaubten, sie würden zum König geführt) durch die Hintertür hinausbeförderte, der König unterdessen in seinen

Gemächern einen Boten empfing, der im fliegenden Galopp von Fuenterrabía mit der Nachricht herbeigeeilt war, dass sein Cousin, der König von Frankreich, in Hendaye schon seit Tagen Truppen zusammenzog, um ins Königreich von Navarra einzufallen und ihm dieses gewaltsam zu entreißen?

Wie hätten seine Späher Rodrigo zweitens erklären können, dass der König, nachdem er von der drohenden Invasion erfahren hatte, den Konvent verließ und wieder an Bord seiner Galeere ging, um mit seiner Flotte nach Fuenterrabía zu fahren und seinem Cousin am Bidasoa den Weg abzuschneiden?

Rodrigo wartete also in völliger Unkenntnis der wirklichen Umstände seit Stunden in seinem vornehmsten Aufputz im Sattel eines prächtigen Streitrosses, den Rücken gedeckt durch eine ansehnliche uniformierte Heerschar, die sich entlang der beiden Ufer des Kanals postiert hatte. Und auf dem mit Wasser gefüllten Kanal dümpelten zwei geschmückte Barkassen, die eine unter der Flagge Kastiliens war symbolisch gen Flandern gerichtet, die andere, auf der das Wappen des Hauses Habsburg prangte, zeigte mit dem Bug nach Tierra de Campos.«

Der junge Rodrigo verflucht den Himmel und den König

»Laut den Nachbarn, die ins Tal hinabstiegen, um an der Eröffnungsfeier teilzunehmen, beeindruckten der Kanal und sein Erbauer alle sehr. Dennoch kam die so akribische und pompöse Inszenierung allmählich durcheinander, als sie bemerkten, dass die ihnen am nächsten aufgestellten Späher sich nicht mehr an ihre Befehle hielten und, statt die Flaggen zu schwenken, um anzuzeigen, dass der König und sein Gefolge in Anmarsch waren, wie besessen mit den Armen wedelten, als wollten sie sagen: ›Schrecklich!

Es hätte nicht schlimmer kommen können. Ich gehe jetzt.‹

Und vielleicht war Letzteres tatsächlich am verwirrendsten, denn nachdem sie die Nachricht übermittelt hatten, entledigten sie sich ihres schmucken Aufputzes und warfen ihn zusammen mit den Flaggen zu Boden, nahmen mit einem Satz den Sattel ihrer Pferde wieder ein und verloren sich galoppierend in der Ferne. Zweifellos waren diese Späher vertraut mit der Geschichte der Antike und kannten daher die äußerste Härte, mit der Herrscher Boten, die schlechte Nachrichten überbrachten, bestraften.

›Was ist los? Warum fliehen die Männer?‹, fragten sich die Nachbarn und die Mitglieder der Armeeeinheit.

Rodrigo erkannte die Wahrheit jedoch sofort. Und sein Zorn, der der tiefen und unheilbaren Wunde entsprang, die seinem Stolz in diesem Moment zugefügt worden war, kannte keine Grenzen. Die geballte Faust über seinen Kopf gestreckt, richtete er seinen finsteren Blick starr in die Wolken und rief mit so lauter Stimme, dass sein Schrei sich in alle Himmelsrichtungen ausbreitete, von den umstehenden Bergen zurückgeworfen wurde und zu einem ungeheuren, einschüchternden Donnergrollen anschwoll:

›Verflucht sei der Himmel, der uns einen Mann als König beschert hat, der sein Wort nicht hält.‹

Und als würde eine solche Blasphemie nicht genügen, um ihn in die Hände der Heiligen Inquisition zu spielen, stieß er noch eine weitere, direkt an den Souverän gerichtete Beleidigung aus:

›Ich verfluche dich, König aus fremden Landen, und schwöre dir, dass ich dir nie wieder dienen werde, solange du nicht Abbitte tust und um Verzeihung suchst für all das, was du mir und den Meinen angetan hast‹, rief er. Und während er das Schwert zog, fügte er an: ›Und seid euch alle gewiss, ich halte mein Wort.‹

Ohne noch etwas Weiteres zu sagen, trieb er sein Pferd auf die mit Teppichen ausgelegte Tribüne zu, auf die man in seinem Auftrag zwei gleiche mit Satin bezogene und vor der Sonne durch einen prächtigen Baldachin aus holländischem Tuch geschützte Throne gestellt hatte. Er wütete so lange, bis von dieser wohleingerichteten Stätte der Beobachtung und Begegnung nur noch Stofffetzen und Holzspäne übrigblieben. Dann ritt er zum Kanalufer und schlug mit seinem Schwert auf die Barkassen ein, bis er sie zum Kentern gebracht hatte, um mit einem letzten gutgesetzten Streich den Mast, an dem das königliche Banner gehisst war, im Ganzen abzutrennen. Als dieses ihm zu Füßen lag, spuckte er nicht nur darauf als Zeichen seiner äußersten Verachtung, sondern ließ es sogar zu, dass sein Pferd es mit seinem Urin befleckte.«

Eine vertrackte Nacht

»Verfluchte Scheiße!«, rief in diesem Augenblick der dickere der beiden Sachverständigen aus. In einer so freundschaftlichen und wohlerzogenen Runde war ein derartiger Fluch vielleicht nicht unbedingt glücklich gewählt, entfaltete jedoch eine kathartische Wirkung. Denn seit geraumer Zeit schon gab es unter den Anwesenden welche, denen es zunehmend schwerfiel, die eigenen Grenzen und die der sie umgebenden Realität richtig zu erkennen; manche wähnten sich in der Nacht der Jahrhunderte im Einklang mit dem Wind, der durch das eifrige Treiben der die Abgründe ausschachtenden Sprengmeister, der im Galopp fliehenden Späher oder der zwischen Bergen versenkten Barkassen entfacht wurde; andere hatten die heutige und gestrige Welt so aus dem Blick verloren, dass sie nicht mehr wussten, was um sie herum geschah.

All das war erstens eine Folge der unbotmäßigen Mengen an Speisen, die sie sich einverleibt hatten und von denen einige wie die in Wurstfett gerösteten Semmelbrösel mit Speck und Paprika schwer im Magen lagen; zweitens der nicht weniger außergewöhnlichen Menge an Wein, die sie hatten trinken müssen, um dieser riesigen gastronomischen Vielfalt und Fülle einen Weg zu bahnen und eine Bestimmung zu geben; und drittens des ausgiebigen Konsums des Verdauungstrunks mit Orujo, den sie zu dem Zeitpunkt ausgeschenkt hatten, als sich der König entschied, in seine flämische Heimat zurückzukehren, um in den Krieg zu ziehen.

Alle lobten den leckeren Geschmack des Trunks, der sich aus der gekonnten Mischung der Kräuter und der zweifellos nicht weniger gekonnt erstellten Quintessenz der Mixtur in dem Fläschchen ergab, das der jüngere der beiden Motorradfahrer beigesteuert hatte. Auch wenn niemand wollte, dass man ihnen dies als Mäkelei auslegte, ließe sich jedoch anmerken, dass der Kräutergeschmack den Nachgang des warmen Orujo überdeckte. Deshalb schlug man übereinstimmend vor – und man bat darum, darin weder die leiseste Kritik noch eine Geringschätzung des von dem Motorradfahrer gebrauten Trunks zu sehen –, sollte der Topf einmal leer sein und ein neuer Trunk aufgebrüht werden, noch eine dritte Flasche Orujo hineinzugießen. Dann habe man auch nichts dagegen einzuwenden, wenn die Ration des bernsteinfarbenen Arzneitranks verdoppelt würde.

Doch da fingen die Probleme an. Als erneut Wasser zum Kochen gebracht worden war, das Kräutersäckchen eingetaucht und nach gebührender Zeit wieder aus dem Sud herausgezogen wurde, die drei vorher erwärmten Flaschen Orujo hineingegossen wurden und nun der Zeitpunkt gekommen war, die bernsteinfarbene Mixtur mit den geschickten Drehungen des

Handgelenks hineinzuträufeln, hielt Chema Salinas auf einmal inne und hob das Fläschchen gegen das Licht:

»Verdammt«, sagte er, »es ist leer.«

Zunächst war die Bestürzung, die der Zeremonienmeister ausstrahlte, derart ansteckend und bedrückend, dass alle sofort verstummten und ihre Blicke erst auf Chema Salinas, dann auf seinen Gefährten und schließlich, als sie sahen, dass weder der eine noch der andere eine Lösung zur Hand hatte, auf den Ingenieur richteten. Dieser versuchte die Gemüter zu beruhigen.

»Da wir uns in einer äußersten Notlage befinden«, sagte er und trat aus dem schützenden Halbdunkel heraus, »können Sie vielleicht meines benutzen.«

Als er das sagte, ließ er seine Hand in den Falten seines dicken Ponchos verschwinden und zog ein Fläschchen hervor, das ungefähr so groß wie das von Chema Salinas war. Die enthaltene Flüssigkeit war jedoch rot mit einem leichten Rosastich.

Dann geschah etwas Unvorhergesehenes: Chema Salinas, der sich über den immer noch auf dem Feuer stehenden Kessel beugte, um seinem Gebräu den letzten Schliff zu geben, verlangte umgehend das Fläschchen, um wie der Ingenieur durch Schnuppern, Saugen und Schmecken herauszufinden, welche Zutaten sich darin befanden.

Und er streckte seinen Arm über den Kessel und bekam das Fläschchen, das ihm der Ingenieur reichte, am Verschluss zu fassen. Unglücklicherweise spürte Chema Salinas just in dem Moment, dass er sich verbrannte, und zog den Arm reflexartig zurück, was dazu führte, dass er zwar den Verschluss in der Hand behielt, das Fläschchen selbst aber dem Ingenieur aus den Fingern glitt und nach einem Salto mortale, bei dem sein Inhalt in alle Richtungen spritzte, in den zischenden und blubbernden Trunk fiel.

Zur Verwunderung aller nahm der Inhalt des Kessels fast gleich danach ein seltsam leuchtendes Kobaltblau an. Obwohl die merkwürdige Farbe zunächst den Argwohn der Anwesenden weckte, stimmten sie, nachdem sie erst einmal davon probiert hatten, nicht nur in höchsten Tönen in das Lob seines neuen Geschmacks ein, sondern gerieten Schluck um Schluck in Ekstase, als sie im Gegenlicht die zahlreichen schillernden Farbschattierungen bewunderten, die die Flammen dem Inhalt ihrer Gläser entlockten.

Und so kam es, dass – ohne dass sie bemerkten wie – das Auf und Ab der Jahrhunderte und der Galopp der Pferde, das Schicksal des Königs und seiner Vasallen oder die Flaggen in grellen Farben und der unter schrecklichen Gotteslästerungen zerfetzte Baldachin allmählich ein äußerst verzerrtes Gesamtbild ergaben. Niemandem gelang es mehr, die aus der Vergangenheit auf sie einstürmenden Ereignisse in einen verständlichen Zusammenhang zu bringen.

Daher wurde der unangebrachte (anfangs erwähnte) Ausruf des dickeren der beiden Sachverständigen nicht für eine einmalige Spinnerei gehalten, sondern sie hießen ihn willkommen, denn er hatte die Kraft, sie alle aus ihren irren Reden herauszureißen und sie wieder am selben Ort und in derselben Zeit zusammenzuführen.

Als die Anwesenden das ein wenig knabenhafte Gesicht desjenigen erkannten, der die Zauberformel ausgesprochen hatte, stutzen sie, da sie sahen, dass der Sachverständige sie ihrerseits mitleidig anblickte.

»Nun«, sagte der eine Schäfer nach einer Weile, »warum sagst du uns nicht einfach, was hier los ist?«

»Mit *uns* los ist«, antwortete der Dicke und betonte das »uns« sehr stark.

»In Ordnung, also sag schon, was nun mit *uns* los ist.«

»Wir haben den Sattler völlig vergessen«, sagte er und ließ seinen Blick über die Anwesenden mit der perversen Freude dessen schweifen, der ein Geheimnis teilt, das ihn bedrückt hatte. »Und wenn ich mich recht erinnere, hatten wir versprochen, dass einer von uns zu ihm nach Hause geht, um seiner Frau Bescheid zu sagen, dass er mit Arciegas und dessen Frau nach Cabezón gefahren sei; dass sie sich keine Sorgen machen müsse, wenn er später nach Hause kommt.«

Die Nachricht schlug unter den Anwesenden ein wie eine Bombe. Aber sie brauchten nicht lange, um gegen ihre verheerende Wirkung eine Abhilfe zu ersinnen:

»So spät, wie es sein muss«, sagte einer der Schäfer und traf damit auf Zustimmung der Trägen unter ihnen, »könnte es sogar sein, dass der Sattler inzwischen schon wieder nach Hause zurückgekehrt ist.«

In dem Fall hätte es keinen Sinn, in einer solchen Nacht nach draußen und bis nach Bárcena zu gehen, um eine Nachricht zu überbringen, die vielleicht längst veraltet ist. Doch ihre Argumentation wurde hinfällig, als der andere Schäfer auf die Uhr sah.

»Er ist unmöglich schon wieder zu Hause. Denn in dem ganzen Trubel sind sie von hier kurz nach acht Uhr aufgebrochen, jetzt ist es nicht einmal zehn. Zwei Stunden reichen unmöglich, um bis nach Cabezón und wieder zurück zu fahren, zumindest wenn man den Zustand bedenkt, in dem sich die Landstraßen befinden.«

Wenn man also der Berechnung des zweiten Schäfers folgte, stellte sich die vorangegangene Frage erneut. Es blieb zu klären, wer denn nun in so einem Zustand mitten in der Nacht bis nach Bárcena gehen würde, um die Familie des Sattlers zu beruhigen.

Fischdiebe, Schüsse und Fluchten: erste Widrigkeiten

Es war natürlich der Ingenieur, der eine Lösung fand, die recht und billig war. Ein wenig unüberlegt sagte er:

»Da sich niemand freiwillig meldet, um die Nachricht zu überbringen, und da es ungerecht wäre, einen von uns mithilfe des Zufalls zu bestimmen, könnten wir alle zusammen nach Bárcena gehen und so einen angenehmen Verdauungsspaziergang machen.«

Bei dem Wort »angenehm« dachte man unter solchen Umständen an einfach. Oder leicht. Zwar war der vorgeschlagene Spaziergang notwendig, stellte sich aber wenig später als äußerst schwierig heraus. Sie hatten sich nur ein paar Dutzend Schritte vom Gasthof entfernt, da ging ihnen plötzlich auf, dass sie sich bereits heillos verlaufen hatten. Die an sich schon finstere Nacht war aufgrund eines allgemeinen Stromausfalls schwärzer als sonst, sodass sie sich nicht einmal mehr an einer weit entfernten Straßenlaterne orientieren konnten. Andererseits stellten sich inmitten dieses Meeres aus Schnee auch die anderen Orientierungspunkte als trügerisch und unsicher heraus, wenn sie überhaupt noch auszumachen waren. All das, um gar nicht erst und ohne Mitleid den Rausch zu erwähnen, der die Mitglieder der Truppe in größerem oder kleinerem Ausmaß quälte.

»Ich glaube, es ist das Wichtigste, dass wir das Flussbett finden und dann bis nach Bárcena hinaufsteigen«, sagte der Sachverständige mit dem schütteren Haar.

Als ob das so einfach wäre. Zum Glück hatte Chema Salinas vorgesorgt und unter den Expeditionsteilnehmern Schnapsflaschen verteilt, die er vorher mit dem Heiltrunk gefüllt hatte und die nun großzügig die Runde machten. Wahrscheinlich wären sie ohne die von innen stärkende Wärme in der Eiseskälte umgekommen. Denn sie irrten in vollständiger Dunkelheit lange hin und her, bis sie endlich zu dem Fluss vordrangen.

Für den Schäfer und den Straßenarbeiter bedeutete dies, dass sie wortwörtlich mit der Nase auf ihn stießen: Um sich gegenseitig zu stützen, hatten die beiden eine Art Rettungsgemeinschaft gegründet und gingen eng umschlungen voran. Als der eine auf dem Eis, das sich auf dem Fluss gebildet hatte, ausrutschte, fiel deshalb der andere ebenfalls krachend zu Boden, und das Eis gab unter ihnen nach. Doch obwohl sie von dem hervorquellenden Wasser völlig durchnässt wurden, brachen beide in schallendes Gelächter aus.

»Immerhin«, sagte der Sachverständige mit dem schütteren Haar in einem Tonfall, der verriet, dass er Trost spenden wollte, »haben wir jetzt das Flussbett gefunden.«

So gingen sie weiter, den Flusslauf hinauf, versanken bis zu den Knien im Schnee. Weil der Ingenieur nun den Zug anführte, war er der Erste, der ein Licht entdeckte, das, wenn man es genauer betrachtete, aufgrund seiner Stärke ein Lagerfeuer sein musste. Ein Lagerfeuer an diesem Ort und zu dieser Stunde? Wie seltsam, sagten sie sich, hinter den Rücken des Ingenieurs gedrängt.

»Das ist doch unmöglich«, sagte der Straßenarbeiter.

»Doch da ist ein Lagerfeuer«, bestätigte der Ingenieur. Sie befanden sich an einer felsigen Flussbiegung, in die das Wasser einen natürlichen Unterschlupf gespült hatte. Und in seiner Mitte loderten auf wundersame Weise Flammen.

Als feststand, dass es sich tatsächlich um ein Lager handelte, erschien es ihnen noch verwirrender, dass es verlassen war, beziehungsweise dass man es überstürzt und in aller Eile aufgegeben hatte, denn ein paar vor kurzem ins Feuer gelegte Holzscheite hatten gerade erst Feuer gefangen. Und rund um die Feuerstätte verstreut sah man vier oder fünf dickere Äste und Baumstümpfe, bedeckt mit Decken und dicken Pelzmänteln, die die Form derjenigen bewahrten, die sich eben noch mit ihnen vor der Kälte geschützt hatten. Es gab auch Rucksäcke und Körbe und sogar eine Karaffe Wein. Alles zurückgelassen, zweifellos aufgrund einer hastigen Flucht.

Die Fischdiebe

Sie standen immer noch um das Lagerfeuer und suchten nach einer schlüssigen Antwort auf die rätselhaften Vorgänge, als aus den umstehenden Bäumen Männer hervortraten, die Körbe voller Flusskrebse trugen und Binsengeflechte, an denen, aufgefädelt durch die Kiemen, nicht weniger als vier Dutzend Forellen so dick wie Speckschwarten hingen. Das verriet dem Ingenieur und seinen Leuten, dass es sich um Fischdiebe handelte, die sich versteckt hatten – wie diese bestätigten, nachdem sie sich zu erkennen gegeben hatten –, als sie ihre Stimmen, die sich den Fluss hinauf näherten, hörten.

»Wir dachten eigentlich, Sie seien Gendarme«, erklärte derjenige, der offenbar der Anführer der Fischdiebe war, »und deswegen hielten wir es für ratsam, uns in die Büsche zu schlagen und erst einmal abzuwarten.«

»Das ganze Tal ist voller Gendarmen mit Funkgeräten und Spürhunden«, ergänzte ein anderer.

»Da haben wir uns ja die beste Nacht ausgesucht, um fischen zu gehen«, sagte der Fischdieb, der als Erster gesprochen hatte, leicht verärgert. Und während er seinen Verdruss zum Ausdruck brachte, zeigte er wild fuchtelnd Richtung Cabezón, von wo das ferne, aber gleichmäßige Knattern eines Hubschrauberrotors zu ihnen drang, der das Tal durchkämmte. »Wir waren davon ausgegangen, dass die Gendarmen bei einem solchen Schneefall in ihrer Kaserne bleiben würden und wir in aller Ruhe angeln könnten. Aber Sie sehen ja selbst, dass die ganze Truppe durch die Wälder streift und über die Wege patrouilliert, ferngesteuert durch diese unselige Flugmaschine, die die Amerikaner ihnen gerade geschenkt haben.«

»Sie haben die Maschine dafür eingesetzt«, schaltete sich ein anderer ein, »um eine Gebärende aus einem im Schnee feststeckenden Landrover zu bergen. Sie haben sie schon in ein Krankenhaus in Santander eingeliefert, suchen jetzt aber noch den Fahrer und ihren Ehemann, die am Boden zurückblieben, weil der Hubschrauber schon voll besetzt war. Denn als sie zurückflogen, um sie abzuholen, waren sie nicht mehr bei ihrem Fahrzeug, und niemand hat seitdem wieder von ihnen gehört.«

»Dann ist es also nicht mehr nötig, dass wir bis nach Bárcena gehen«, sagte der Straßenarbeiter, dessen Kleidung noch immer vor Wasser triefte und der froh war, dass er sich an einer so großzügigen Feuerstelle aufwärmen konnte. »Mittlerweile wurde die Frau sicher von der Guardia Civil darüber informiert, dass ihr Mann, der Sattler, verschollen ist.«

»Selbst dann ...«, wollte der Ingenieur einwenden.

Doch die Fischdiebe, die nicht nur sehr erleichtert darüber waren, dass die Neuankömmlinge keine Gesetzesvertreter, sondern eine zahlreiche und sehr ausgelassene Gesellschaft waren, drängten sie dazu, eine Rast einzulegen und die Wärme des Feuers und den restlichen Wein in der Karaffe mit ihnen zu trinken, zu dem man auch gut die Forellen essen könnte, die man vorher natürlich auf der Glut aus Nussbaumholz grillen würde. Als Vorspeise wiederum würden sich die Krebse in einer Sauce aus Rosmarin und scharfer Paprika anbieten. Chema Salinas erwiderte die höfliche Einladung, indem er ihnen seine Schnapsflasche reichte.

»Nehmen Sie ruhig einen Schluck«, sagte er zu ihnen, als er bemerkte, dass seine Gastgeber wegen der sonderbaren Farbe der Flüssigkeit, mit der die angebotene Flasche zur Hälfte gefüllt war, zögerten. »Es handelt sich um einen einfachen Heiltrunk, den wir mit einen paar Pflanzensäften aus der Region aromatisiert haben«, versicherte er ihnen.

Einer nach dem anderen benetzten sich die Fischdiebe nur ein wenig die Lippen mit dem Flascheninhalt, aber als sie feststellten, dass sich sein Geschmack – was immer es auch sein mochte – als einigermaßen bekömmlich erwies, fassten sie noch einmal reihum nach, nahmen diesmal aber einen kräftigen Schluck. Und weil sie weiter darauf bestanden, dass die Leute sich zu ihnen ans Feuer setzten, ließ sich auch der Ingenieur umstimmen und half den anderen, es sich auf den Holzkästen und Strünken rund um die Feuerstelle herum bequem zu machen und sich in die Decken und Westen zu hüllen, die nun wie unter guten Freunden verteilt wurden. Währenddessen machten sich zwei der Angler daran, die Forellen zu grillen und die Krebse zu würzen. Leider sollten sie keine Gelegenheit haben, ihr lustvolles Vorhaben zu Ende zu bringen.

Die Schüsse

Die Fischdiebe und ihre Gäste wussten nicht, auch wenn sie es wenig später erfahren sollten, dass sich ein Sargento der Guardia Civil (der Sargento Giménez – wer sonst!) kurz zuvor in Begleitung eines unter seinem Befehl stehenden Gendarms niederen Dienstgrads namens Argemiro Zutritt zu dem Gasthof verschafft hatte. Der Teniente Bardajío hatte die beiden zu dem Gasthof beordert, damit sie überprüften, ob der vermisste Schankwirt und der Sattler nicht schon nach Hause zurückgekehrt waren. In diesem

Fall könnte die Suche nach ihnen sofort abgeblasen werden.

Doch der Anblick, der sich den beiden Gendarmen bot, als sie in den Gasthof betraten, ließ sie vor Schreck erstarren. Der große Gewölbesaal sah aus wie ein Schlachtfeld, das die Kämpfer erst vor kurzem verlassen hatten: Auf einer großen, ans immer noch lodernde Feuer gerückten Tafel befanden sich überraschend viele Reste von allen möglichen Speisen sowie Berge von Tellern und Geschirr; sie fanden eine ebenso erstaunliche Anzahl staubiger leerer Flaschen vor, von denen viele auf dem Boden verstreut herumlagen, sowie umgestürzte Stühle und Spuren von Gemüse, Gewürzen und anderen Lebensmitteln, die bis in die Küche (ein Chaos), die Vorratskammer (völlig ausgeplündert) und den Hinterhof führten (wo der Schnee niedergetrampelt war und ebenfalls überall verstreut leere Flaschen und Essensreste lagen).

Das Seltsamste an dem Ganzen war jedoch, dass keiner mehr da war. Sargento Giménez und der Untergebene, der ihn begleitete, wechselten einen Blick und starrten dann auf diese Fülle falscher Bescheidenheit.

»Sargento«, sagte der Untergebene, ohne den Blick von dem ganzen Essen abzuwenden, »ist Ihnen klar, dass das alles kein Traum ist?«

»Weißt du, was das Schlimmste an all dem ist?«, fragte Sargento Giménez, immer noch mit aufgesetztem Dreispitz und in seinen Uniformmantel gehüllt, den Daumen im Riemen der MP28, »das Schlimmste an alldem ist, dass die zwei, die wir suchen, von hier sind und deshalb diese Gegend bis in den letzten Winkel kennen. Es würde mich nicht wundern, wenn sie im Haus eines Freundes Unterschlupf gefunden und uns die lästige Arbeit überlassen hätten.«

Ohne die Erlaubnis seines Vorgesetzten zu erbitten, machte der Untergebene zwei Schritte vorwärts, nahm ein paar noch warme Blutwürste vom Grill und verteilte die Würste auf je eine gegrillte Kartoffel. Dann steckte er sich eines der beiden Päckchen in den Mund und kaute es genüsslich. Kurz darauf verfolgte er aus dem Augenwinkel, wie Sargento Giménez seinen Arm ausstreckte und das andere Päckchen nahm und dabei immer noch stocksteif war, mit dem nassen Dreispitz und dem Daumen im Riemen der MP 28.

Sosehr sie auch suchten, zuerst nur mit Blicken, dann unter dem Tisch, sie fanden keine einzige Flasche, die nicht ausgetrunken war. So beschlossen sie, sich von dem Aufguss, der in dem riesigen Kupferkessel auf mehreren Backsteinen neben dem immer noch lodernden Feuer dampfte, ein Glas einzuschenken. Obgleich das Getränk eine etwas merkwürdige Farbe hatte, erwiesen sich Geruch und Geschmack als äußerst lecker. So sehr, dass sie einen weiteren Blick wechselten, sich ein zweites Glas einschenkten und sich dazu ein paar Sardinen, die noch immer in ihrer Dose schwammen, und einige Scheiben Dörrfleisch genehmigten sowie den letzten Rest der am Pfannenboden klebenden Semmelbrösel. Und weil ihnen diese Speisen Durst machten, schenkten sie sich noch ein paar Gläser von dem Trunk nach.

Sie bemühten sich, alles so zurückzulassen, wie sie es vorgefunden hatten, und gingen zur Tür zurück, weil sie den Gasthof verlassen und wieder in den Landrover steigen wollten, um eine Suche fortzusetzen, die ihnen immer überflüssiger vorkam.

»Ich sage dir«, geiferte Sargento Giménez, als er zur Klinke der Haustür griff, »die beiden sind just in diesem Moment irgendwo zu Besuch und veranstalten ein Gelage, während du und ich alles nach ihnen abklappern müssen.«

Doch ihre Überraschung war groß, als sie versuchten, die Tür des Gasthofs zu öffnen, und feststellen mussten, dass diese auch dann nicht nachgab, wenn sie sich mit all ihren Kräften gegen sie stemmten. Daraus schlossen sie, dass sie von außen womöglich mit einem Schlüssel verschlossen worden war.

»Wollen wir mal sehen, ob wir diese Tür nicht aufkriegen, und jetzt Schluss mit lustig!«, rief der Sargento Giménez.

Er war überzeugt davon, dass in dem Gasthof eine Orgie abgehalten wurde und sich die Teilnehmer, als sie sie kommen hörten, draußen im Dunkeln versteckt hatten, um die Haustür dann von außen zu versperren. Und genau das teilte er seinem Untergebenen mit.

»Aber Sargento«, brachte dieser seine Zweifel vor, »wer würde sich denn trauen, so was mit Ihnen zu machen?«

»Jeder, Argemiro, jeder«, erwiderte der Sargento keuchend, während er mit all seiner Kraft an dem Türknauf rüttelte. »Hier gibt es äußerst schräge Vögel, die selbst zu so schlechten Scherzen wie diesem fähig sind.«

Sargento Giménez tat auf dem Posten von Sopeña lange genug Dienst, um zu wissen, dass es genügend Leute gab, die der Obrigkeit gegenüber wenig freundlich eingestellt und kriminellen Aktivitäten durchaus zugeneigt waren. »Dazu gehören«, zählte er seinem jungen Untergebenen auf, »die illegale Jagd und Fischerei in Naturparks und Reservaten; der Schmuggel von Tabak und Hochprozentigem; der illegale Handel mit Seidenstrümpfen und Transistorradios sowie Ersatzteilen für ausländische Markenautos.« Es sei deshalb kein Wunder, dass die Einheimischen der Guardia Civil keine große Sympathie entgegenbrächten.

Aber sie deswegen in einem Gasthof einzusperren, und noch dazu mitten im Einsatz, konnte nicht hingenommen werden, selbst wenn es nur darum ging, das Prinzip der Autorität zu verteidigen.

»Sargento«, sagte der Untergebene nach einer Weile, dem, weil er noch jung war und die Polizeiakademie erst vor kurzem absolviert hatte, die schrägen Vögel noch näher als das Prinzip der Autorität waren, »vielleicht wäre es am einfachsten, durch das Fenster nach draußen zu steigen.«

Was erdreistete er sich da vorzuschlagen? Schon der Gedanke, ein Haus, das man durch die Tür betreten hatte, durchs Fenster verlassen zu müssen, und dazu noch mitten im Dienst, stellte für den Sargento die ganze Schwere der Schmach, die ihm zugefügt wurde, dar. Und ohne ein zweites Mal darüber nachzudenken, auch wenn er noch genug bei Sinnen war, um seinem Untergebenen zu befehligen, zur Seite zu treten, damit dieser nicht zu Schaden käme, setzte er die MP 28, die er über der Schulter trug, ab und schoss die Tür mit einer gezielten Salve gegen das riesige, rostige Schloss auf.

Doch als die Tür erst einmal weit offen stand, sie über die Schwelle traten und mit der Nase auf einen Futtertrog stießen, kam dem Sargento der Verdacht, dass sich in seinem Kopf etwas sehr Seltsames abspielte. Denn wenn sie mit der Nase auf eine Futterkrippe stießen, bedeutete das, dass sie nicht auf der Straße, sondern im Stall gelandet waren. Das dümmliche Kichern seines Begleiters nervte ihn nicht so sehr, wie es unter normalen Umständen der Fall gewesen wäre, da sich Sargento Giménez langsam Sorgen machte. Echte Sorgen. Vor allem weil er sich nicht im Traum vorgestellt hätte, dass ihm einmal so viele und so ausgefallene Gedanken kommen würden wie die, die nun in seinem Kopf herumspukten.

»Argemiro«, stotterte der Sargento, der sich haltsuchend mit dem Rücken an die Wand lehnte, »ich bin mir zu hundert Prozent sicher, dass man uns nicht nur hier in den Gasthof eingeschlossen, sondern uns auch etwas sehr Sonderbares ins Getränk gemischt hat.« Der angesprochene Argemiro hatte jedoch schon seit geraumer Zeit den Stall und den Gasthof nicht mehr gegenwärtig und selbst seinen Sargento vergessen, so berauscht war er von dem wunderbaren Funkeln, das ein einfacher Lichtstrahl den Schnallen seines Uniformgeschirrs entlockte.

Die Flucht

Der Lärm der Machinengewehrsalven drang zum Lager der Fischdiebe und ihrer Gäste in einer solchen Lautstärke, dass sie, obgleich sie sich sicher waren, dass diese im Gasthof abgefeuert worden waren, in ihren Ohren so klangen, als wären die Schüsse direkt neben ihnen gefallen. Trotz der vielen Runden, die sie im Dunkeln tappend gedreht hatten, bis sie auf den Fluss stießen, hatte sich die Gruppe von dem Gasthof in Luftlinie allem Anschein nach nicht viel mehr als hundert Schritte entfernt.

Unter den Anwesenden fand sich keiner, der besonders erpicht darauf gewesen wäre, die Nacht in einem Zimmer voller Gendarmen zu beenden, denn wer konnte schon sagen, welche aberwitzigen Verwicklungen diese veranlasst hatten, ihre Dienstwaffen in dem menschenleeren Gasthof einzusetzen. Und wer konnte voraussagen, wie viel Zeit notwendig wäre, um den Teniente, der sie verhören würde, eine überzeugende Erklärung zu liefern, warum ein gutes Dutzend erwachsener Männer (vollkommen bei Verstand) sich in einer solchen Nacht an einem Lagerfeuer seelenruhig Geschichten erzählte.

Und wenn man dazu noch bedachte, dass die Nacht in eine Schießerei ausartete, dann war es offenkundig das Schlaueste, erst einmal das Weite zu suchen und dann herauszufinden, worin der Hinterhalt bestand, von dem die Gendarme glaubten, sie müssten sich aus ihm befreien.

Diese Einschätzung schienen alle zu teilen, denn was auf die Maschinengewehrsalven folgte, sah so aus, als wäre es das Ergebnis langer und wohlüberlegter Übungen. Alle sprangen gleichzeitig auf, und während die einen sich darum kümmerten, mit ihren Händen Schnee auf die Feuerstelle zu schaufeln und die Stämme zu verteilen, um jegliche Spuren zu verwischen, falteten andere Pelzmäntel und Decken zusammen, sammelten Körbe, Angelzeug, die Kescher sowie die verbotenen Früchte ein, die sie damit an Land gezogen hatten. Innerhalb von Sekunden waren sie bereit loszurennen.

»Und was machen wir?«, flüsterte Chema Salinas Santiago Malpás ins Ohr. Dieser hatte sich, nachdem er erkannt hatte, welchen Lauf die Ereignisse nehmen würden, zum Ingenieur umgedreht, im Vertrauen darauf, dass ihm dessen Ernsthaftigkeit als Richtschnur dienen würde, um zu entscheiden, was zu tun ist, wenn man sich mitten in der Nacht plötzlich auf unbekanntem Gebiet befindet und vor der Frage steht, ob man sich illegalen, vor dem Gesetz fliehenden Anglern anschließt und dabei selbst Gefahr läuft, von den Gesetzesvertretern mit Schüssen empfangen zu werden. Denn in völliger Dunkelheit könnten sie einen ebenfalls für einen Gesetzesbrecher halten. Oder, was nicht so weit hergeholt wäre, für einen Fischdieb.

Der Ingenieur stand genau in der Mitte zwischen den Motorradfahrern und den Fischdieben und war versunken in das düstere Labyrinth seiner eigenen Umnachtung. Er brauchte eine ganze Weile, bis er verstört bemerkte, dass alle Blicke auf ihn gerichtet waren.

Als er sich derart neugierigen Blicken ausgesetzt sah, erahnte er mitten in seiner größten Verwirrung, dass sie etwas von ihm wollten oder erwarteten. Doch es gelang ihm nicht zu erraten, worum es sich handelte. Da die Fischdiebe jedoch mehr als genug Gründe hatten, sich schleunigst aus dem Staub zu machen, waren sie die Ersten, die einfach aufbrachen und die beiden Schäfer und dann auch die Sachverständigen und den Straßenarbeiter mit sich fortrissen. Letztere trugen auf ihrem Rücken etwas von dem Gepäck, das aus der überstürzten Auflösung des Lagers stammte, und folgten instinktiv den Schritten derjeniger, die vorausgingen, drehten sich aber noch einmal um, um sich zu versichern, dass ihnen alle folgten. Der Ingenieur deutete mit einem leichten Schulterzucken an, dass er die Flucht für keine gute Idee hielt, schloss sich der Gruppe dennoch an und drehte sich seinerseits zu den beiden Motorradfahrern um:

»Kommen Sie auch mit?«

Blieben sie, würden sie auf sich alleine gestellt sein. In völliger Dunkelheit. Und nicht einmal wissen, in welcher Richtung der Gasthof lag. Mit den Augen voller Farben und den Wäldern, die vor Gendarmen, die wild um sich schossen, nur so strotzten.

»Ja, klar«, sagte Santiago Malpás, um überhaupt etwas zu sagen. Und fügte hinzu, während er nach dem Arm von Chema Salinas griff, »wir machen das, was Sie vorschlagen.«

»Genau ... das, was Sie vorschlagen«, murmelte Chema Salinas mit einem seligen Grinsen.

Angeführt nun von dem vornehmsten der Fischdiebe, überquerten sie einen Fluss und eine Landstraße und kletterten fast unmittelbar danach einen steilen Abhang hinauf, auf dem sie, hätten sie sich nicht an den auf ihm wachsenden Bäumen festhalten können, kaum mehr als zwei Schritte vorwärtsgekommen wären, ohne der Länge nach hinzufallen und dann keuchend und unter hohen Anstrengungen das zurückgelegte Stück wieder hinunterzurutschen. So konnten sie nach einem Aufstieg, der den beiden Motorradfahrern ewig vorkam, feststellen, dass die Decke aus hässlichen schwarzen Wolken verschwunden war und dass da oben nun der abnehmende Mond und einige helle Sterne kalt wie ein Quarzkristall strahlten.

Obwohl das Licht am Firmament zumindest zuließ, die Hindernisse zu erkennen, brachen die beiden Motorradfahrer mit den anderen auf, machten jedoch einen derart verstörten Eindruck, dass der Anführer Mitleid bekam.

»Ich bin mir nicht sicher«, setzte dieser an und blickte über seine Schulter zu ihnen, da es ihn als Anführer an die Spitze trieb, »ob Ihnen bewusst ist: Als wir uns da unten getroffen haben, waren wir am Ufer des Río Lador fast auf halber Strecke zwischen Correpoco und Bárcena. Jetzt gehen wir weiter in Richtung Ermita del Moral. Doch wir werden nicht ganz bis dorthin gehen, sondern vorher rechts abbiegen und einen Umweg machen, um Bárcena von obenher zu erreichen. Wenn wir dort sind, entscheiden wir, was wir machen und wo wir den Rest der Nacht verbringen.«

Kurzes Zwischenspiel im Zauberwald

Da ihm niemand antwortete, blieb der Anführer stehen, um herauszufinden, was hinter ihm los war. Er drehte sich um und verfiel ins Staunen. Erst jetzt bemerkte er, dass sie sich mitten in einem phantastischen Buchenwald befanden, der zur Hälfte aus Eis, zur Hälfte aus Bäumen bestand. Die unzähligen gefrorenen Tropfen, die mit den orkanartigen Böen auf die Bäume eingeprasselt waren, hatten den Stämmen, Ästen und Blättern auf der Seite, die den Windstößen ungeschützt ausgesetzt war, einen eisigen Umhang verpasst. Merkwürdigerweise standen sie auf der anderen Seite immer noch in dichtem Laub wie in einem Wald mitten im Sommer. Und derselben zerbrechlichen und funkelnden Asymmetrie schienen alle Sträucher, Büsche und wilden Kräuter anheimgefallen zu sein, die im Inneren des geisterhaften Waldes wuchsen. Die klaren Strahlen des Mondes fielen auf sie herab und brachen sich in einem unvergleichlichen schillernden Glanz zwischen Silber und Chlorophyllgrün.

Ob es nun der schnelle Schritt war, mit dem sie den Rückzug angetreten hatten, der die Gruppe erschöpft hatte, oder ob sich diese nun aus reiner Freude mit einer solchen zähflüssigen Schwerfälligkeit fortbewegte, der Anführer musste, als er sich nach ihnen umdrehte, jedenfalls feststellen, dass nicht nur die beiden Motorradfahrer und ihre Begleiter, sondern selbst seine Fischdiebe stehengeblieben waren. Die einen strichen mit verblüfften Gesichtern über die Baumstämme, die zur Hälfte aus Rinde, zur Hälfte aus spiegelndem Eis bestanden, andere fuhren verwundert mit ihren Fingerkuppen den kalten Umrissen eines Zweiges oder Spinnennetzes nach, die unter Eiskristallen verborgen lagen, oder sammelten auf ihrer Handfläche die Wassertropfen, die just in dem Moment ihres Falles gefroren waren und jetzt von Blättern und Zweigen herabhingen wie durch das Mondlicht versilberte Tränen. Der Rest der Gruppe ließ einfach nur seinen Blick schweifen und genoss entzückt die Pracht, welche die Nacht und die Natur darboten.

»Meine Herren«, sagte der Anführer schließlich äußerst widerwillig, da er die leidige Realität dieses einzigartigen Augenblicks nicht aussprechen wollte, »da die Nacht für einfache Leute wie uns immer vertrackter wird, schlage ich Ihnen vor, dass Sie meine Gastfreundschaft in Anspruch nehmen. Mein Haus steht kurz hinter Bárcena. Dort können wir so lange ausharren, bis der Anbruch eines neuen Morgens wieder Klarheit in unsere Köpfe bringt.«

Ein hinterhältiger Anschlag auf die Obrigkeit

Genau in dem Augenblick und dank der besonderen Akustik, die in Tälern, die unter einer dicken Schneedecke liegen, herrscht, erreichte sie das ferne, aber unverwechselbare Nageln eines anspringenden Dieselmotors, gefolgt von dem ebenso unverwechselbaren Krach, den ein Fahrzeug macht, das sich in Kästen voller Leergut verkeilt, die Schankwirte normalerweise hinter ihren Lokalen stapeln. Dem Geräusch von klirrendem Glas nach zu schließen, das auf etwas Hohles, Metallisches fiel und in Scherben zerbrach, stürzten besagte Stapel auf das Fahrzeug, das in sie hineingefahren war und das zwangsläufig der Landrover der Guardia Civil sein musste – denn wer, wenn nicht sie, würde den vermeintlichen Angriff, als dessen Opfer sie sich sehen mussten, mit Maschinengewehr- und Mausergewehrsalven erwidern?

Ein derart jäher Einbruch der Realität ließ sie die Vorteile der ihnen angebotenen Gastfreundschaft schnell erkennen, und sie folgten wieder ihrem Anführer, überzeugt, sich so in Sicherheit zu bringen.

Was sie bislang nicht wussten, auch wenn es ebenfalls nicht lange dauern würde, bis sie es erfahren sollten: Sargento Giménez war der festen Ansicht, der vermutete Streich sei in Wahrheit ein heimtückischer Anschlag, und nachdem er es seinem Untergebenen Argemiro überlassen hatte, den Angriff mit seinem Mausergewehr zurückzuschlagen, forderte er über Funk Verstärkung per Hubschrauber an. Ein letzter Funken Verstand, geboren zweifellos aus seinem wohltrainierten Überlebensinstinkt, riet ihm, nur vage Angaben zur Zahl der Angreifer oder ihrer Erscheinung zu machen. Etwas in ihm sagte ihm, dass man ihm sonst keinen Glauben schenken würde.

Die Flucht wird noch vertrackter

Erleichtert von der Aussicht, sich aus dem Staub machen und einen sicheren, nicht allzu weit entfernten

Unterschlupf ansteuern zu können, legten die Flüchtenden die kaum 300 Meter bis zum Ausgang des Walds schnell zurück. Doch als sie dort ankamen, stellten sie fest, dass sich vor ihnen weite, mit Stacheldraht umzäunte Wiesen auftaten. Selbst zwei perfekten Nieten, was nächtliche Fluchten angeht, wie Santiago Malpás und Chema Salinas fiel auf, dass ein entscheidender Moment bevorstand: Von dem Zeitpunkt, an dem sie den Schutz des Waldes verließen, bis zu dem Zeitpunkt, an dem sie die ersten Baumreihen am gegenüberliegenden Ende der Wiesen erreichten, müssten sie unter freiem Himmel marschieren und könnten im Notfall keine Deckung suchen.

Leider dauerte es nicht lange, bis sich diese Einschätzung bestätigte. Sie hatten kaum fünfzig Meter zurückgelegt, da hörten sie schon zu ihrer Linken ein unerwartetes mechanisches Knattern, und wenig später jagte der Hubschrauber der Guardia Civil auch schon über ihre Köpfe hinweg, buchstäblich die Baumkronen frisierend. Trotz allem konnten sie sich immer noch glücklich schätzen, zum einen weil das schützende Blätterdach des gerade verlassenen Walds noch relativ nah war. Und zum anderen, weil der Hubschrauber nicht den Auftrag hatte, sie zu suchen, sondern mit Höchstgeschwindigkeit durch die Luft schoss, als würde er jemandem zu Hilfe eilen wollen, der etwa von unsichtbaren Feinden umzingelt war und in deren Hände zu fallen drohte.

Trotzdem musste die Hubschrauberbesatzung bemerkt haben, dass sich eine unbestimmte Anzahl von Personen auf der Wiese befand, denn die Flugmaschine kam plötzlich direkt über ihren Köpfen zum Stehen. Es wäre deshalb gar kein Befehl notwendig gewesen, dass sich die Flüchtenden umdrehten und so schnell wie möglich dem Schutz des Waldes entgegenrannten. Doch ihr Anführer entschied sich in Anbetracht der Aussicht, die Hälfte der Truppe bei einer unkontrollierten Flucht zu verlieren, dafür, sie in geordnete Bahnen zu lenken.

»Meine Herren«, sagte er, während er selbst losrannte, verfolgt von dem Kegel des Scheinwerfers, mit dem man vom Hubschrauber aus nach ihm suchte, »ich schlage vor, dass wir uns in zwei Gruppen aufteilen und uns nach einem kleinen Umweg in dem Schuppen, der sich hinter meinem Haus befindet und dessen Lage Ihnen von den Anführern der unterschiedlichen Gruppen gezeigt wird, wiedertreffen.«

Und ohne anzuhalten, ernannte er zwei der Fischdiebe zu Gruppenführern, die sogleich unterschiedliche Richtungen einschlugen, gefolgt von einer Handvoll Fischdieben und Stammgästen des Gasthofs, die immer noch das Gepäck und die Fänge mit sich herumschleppten. Er selbst wiederum nahm sich der beiden Motorradfahrer an, und diesen schlossen sich der in Schwarz gekleidete Herr sowie der dickere der beiden Sachverständigen an.

Eine weitere anmaßende Ambition

Vielleicht war es nur eine Frage weniger Meter, aber an Bord des Hubschraubers konnte Brigada Pozuela, der den Suchscheinwerfer bediente, nur noch sehen, wie zwölf oder vierzehn Männer verzweifelt in verschiedene Richtungen auseinanderstoben und unter den Baumkronen verschwanden. Doch weil sie rannten, war er überzeugt, dass es sich um die Gesuchten handelte, und teilte dies auch so dem Teniente Bardajío über Funk mit:

»Eine Gruppe von verdächtigen Subjekten ist geflohen, als sie uns gesehen hat; aufgrund des Gepäcks, das sie bei sich hatten, könnte es sich um Schmuggler handeln, aber sie werden angeführt von jemandem, der genau weiß, wie er vorgehen muss. Denn er hat sie sich in mehrere kleine Teams aufteilen lassen, die in unterschiedliche Richtungen rennen«, rief Brigada Pozuelo. Um sicherzugehen, dass seine Meldung korrekt empfangen wurde, wiederholte er sie und bat um die Bestätigung, dass sie gehört worden war. Dann sagte er, dass er nicht feststellen könne, ob es sich bei jener Gruppe um dieselbe handle, die den Sargento Giménez im Gasthof angegriffen hatte. Er bat um eine Anweisung, ob er nun dem Sargento zu Hilfe eilen oder lieber eines der Grüppchen, in das sich die Männer aufgeteilt hatten, verfolgen sollte.

»Schau erst mal nach, was mit Giménez los ist«, befahl Teniente Bardajío, sichtlich erregt, »Pozuelo, sag mir aber noch eins, konntest du ausmachen, ob sie bewaffnet waren?«

In seinem winzigen Büro in der Kaserne von Sopeña lehnte sich Teniente Bardajío in seinem klapprigen Stuhl nach hinten, und obwohl dieser knarrend protestierte, drückte er seinen Rücken noch tiefer in die Lehne, bis er beide Beine auf den über und über mit Protokollen und Anzeigen vollgestapelten Schreibtisch hieven konnte. Dann legte er sich das altertümliche Lautsprechermikrofon auf den Bauch. Es diente ihm als Nabelschnur, mit der er die Welt da draußen unter seiner Kontrolle hielt. Und es klang zu schön, um wahr zu sein! Wenn sich in sein Gebiet tatsächlich eine Gruppe bewaffneter Maquis eingeschleust hätte! Und wer würde sie stellen? ... Seit man die letzten Kampftrupps, die den Bürgerkrieg überlebt hatten, ausgelöscht hatte – Vernichtungsaktionen, an denen er leider nicht hatte teilnehmen können, weil er damals noch in La Coruña abgestellt war –, beschränkte sich jegliche Operation in seinem Gebiet darauf, Wilderer und Schmuggler einzufangen, den ein oder anderen Viehdieb und sehr selten in den Dörfern auch mal einen Mörder. Den Rest seiner Zeit vergeudete er damit, Bußgelder wegen Verstößen gegen die Straßenverkehrsordnung zu verhängen und den entsprechenden Papierkram zu erledigen. Um gar nicht von den Berichten zu sprechen, die er seinen Vorgesetzten täglich senden musste. In letzter Zeit war auch an eine Beförderung nicht mehr zu denken, und Teniente Bardajío spürte, wie ihn die Versetzung auf jenen erbärmlichen Posten Jahr für Jahr, Tag um Tag, immer mehr zusetzte und bedrückte.

Eine Versetzung, die ihm noch elender und erbärmlicher vorkam, wenn er sie mit der verheißungsvollen Karriere verglich, die ihm beschert war bis zu jenem unglücklichen Vorfall mit einem Provinzgouverneur. Er hatte diesen unter dem Verdacht, ein Schmuggler zu sein, festgenommen, und die unglücklichen Umstände wollten es, dass der Miserable genau das war: ein Schmuggler, ein Dieb, einer, der das Gesetz gebrochen hatte, über dessen Einhaltung der Teniente zu wachen hatte. Warum bloß hatte der Kerl seinen Dienstwagen bis oben hin mit blondem Tabak und anderen Waren vollgestopft, die auf dem Schwarzmarkt heiß begehrt waren! Das Schlimmste daran war aber, dass ihn jene Verhaftung keine Beförderung einbrachte, sondern zur Zwangsversetzung auf diesen belanglosen Posten führte, verloren in einem Tal in diesem gottverlassenen und trostlosen Labyrinth von Tälern.

»Nein, mein Teniente«, sagte Brigada Pozuelo schließlich durch das statische Rauschen hindurch.

»Trugen sie keine Waffen, oder konntest du es nur nicht erkennen?«, fragte Teniente Bardajío mit schneidender Stimme nach.

»Mir blieb gerade mal so viel Zeit, dass ich sehen konnte, wie sie unter den Bäumen verschwanden«, erklärte Brigada Pozuelo und widersetzte sich dem Ansinnen des Teniente, der ihn offensichtlich zu einer bestimmten Aussage drängen wollte. »Ich wiederhole: Sie scheinen gut organisiert zu sein und werden von jemandem angeführt, der weiß, was er tut. Aber ich konnte nicht sehen, ob sie bewaffnet waren.«

»Dann soll man mich jetzt mit Sargento Giménez verbinden. Giménez! Bist du dran?«

Und noch eine übertriebene Ambition

Geduckt unter das Armaturenbrett des zerbeulten Landrovers, hatte Sargento Giménez mit seinem eigenen Funkgerät das Gespräch zwischen dem Helikopter und dem Befehlsposten verfolgt. Und einen Moment lang liebäugelte er damit, nicht auf die Frage zu reagieren und danach die Funkantenne mit dem Gewehrkolben kaputtzuschlagen, um sein Schweigen zu rechtfertigen. Doch Argemiro, der sich immer noch an dem Mausergewehr festhielt und sich wie er unter das Armaturenbrett duckte, da das Fahrzeug immer noch einzelne Treffer abbekam, starrte ihn ungewohnt eindringlich an. Sargento Giménez war sich nicht sicher, ob dieser eindringliche Blick »beruflicher Natur« war, sprich dem natürlichen Interesse eines jungen Mannes geschuldet, der wissen will, wie ein guter Chef in größter Notlage handelt. Oder ob er ihn, wie er befürchtete, so ansah, weil die seltsamen Gedanken, die ihm gerade durch den Kopf gingen, auf einmal nach außen hin sichtbar waren. In dem Fall würde sich Argemiros Begeisterung später in einem Bericht niederschlagen – mit verheerenden Auswirkungen auf seine Zukunft in der Truppe.

»Giménez!«

»Ja, Teniente?

»Hörst du mich?«

»Ja, Teniente, ich höre Sie.«

»Kann du mir mit letzter Sicherheit sagen, ob eure Angreifer bewaffnet sind?«

Aber wie sollte Sargento Giménez sich überhaupt irgendetwas sicher sein? Nicht zuletzt wegen der Nacht, die er hinter sich hatte, und den seltsamen Dingen, die passiert waren, wie konnte er da sagen, ob die Einschläge ins Fahrzeug von Schüssen oder von Flaschenwürfen stammten? Und selbst wenn es sich um Flaschenwürfe handelte, wie konnte er wissen, ob sie zufällig oder vorsätzlich zu ihrem Ziel geworden waren? Wenn es nach ihm gegangen wäre, dann hätte er an seinen Zweifeln festgehalten und es anderen überlassen, in einem solchen Durcheinander ein wenig Ordnung zu stiften.

Doch er kannte seinen Teniente und wusste, wie dringend sein Wunsch war, dass es sich bei den Angreifern – so sie denn tatsächlich angegriffen worden waren – um bewaffnete Banditen gehandelte hatte. Denn davon hing es ab, ob der Teniente befördert und auf einen anderen, ihm eher gemäßen Posten versetzt würde. Und in diesem Fall würde er, Sargento Giménez (warum dies leugnen?), mit etwas Glück zum Teniente befördert und ihm der Oberbefehl über die Kaserne in Sopeña übertragen werden. Dann hätte er auch (warum dies ebenfalls leugnen?) das Recht, jenen Hubschrauber einzusetzen, der ein Geschenk der Amerikaner war und Neid und Missgunst bei allen Posten und Kasernen hervorrief, die zwischen Kap Finisterre und dem letzten Grenzposten der Pyrenäen verteilt lagen.

Ihm blieb jedoch nicht verborgen, dass er nach derselben Logik, wenn sie nicht bewaffnet und auch keine Banditen waren, weiter Gefreiter bleiben würde. Und als wäre dies nicht schlimm genug, würde er zu allem Überfluss auch weiter unter dem Befehl von Pozuelo stehen. Ein durchtriebener Kerl! Jetzt saß dieser schweigend und außer Gefahr in seiner Maschine und verfolgte von oben die Vorfälle da unten, als hätte er mit dem Ganzen nichts zu tun. Und all das, weil er der einzige Brigada der Gendarmerie war, der Englisch konnte und so auch der Einzige war, der die Fluganweisungen und den Jargon der amerikanischen Mechaniker verstand, die diese auf wundersame Weise aus Korea gerettete Reliquie in Flugbereitschaft hielten. Und die auf nicht weniger rätselhafte Weise unter den Befehl des Teniente Bardajío gestellt worden war, der – wie alle Welt wusste – kein Fettnäpfchen ausließ und deswegen dazu verdammt war, darauf zu warten, dass man ihm verzieh, bevor er wieder auf eine Beförderung hoffen konnte. Und auf ein besseres Schicksal.

»Giménez!«

Sargento Giménez zuckte zusammen und kam sofort wieder zu sich. Dann führte er das Mikrofon so lustlos an den Mund, als würde es sich um einen schleimigen schwarzen Frosch handeln, und sagte:

»Ja, Teniente, ich könnte schwören, dass sie bewaffnet waren.«

Und dann murmelte er wie zu sich selbst und achtete dabei sehr darauf, keinen Blick mit dem stillen, aber immer noch wachsamen Argemiro zu wechseln:

»Mein Gott, ist der übergeschnappt? Der hat doch einen an der Waffel!«

Das heißt, die Würfel waren gefallen. Die Gelegenheit war viel zu gut, als dass Teniente Bardajío sie sich hätte entgehen lassen. Obwohl Sargento Giménez nicht darauf geachtet hatte, den Übertragungskanal zu unterbrechen, bevor er seinen letzten Kommentar von sich gab, tat der Teniente lieber so, als hätte er nicht verstanden, was dieser tatsächlich gesagt hatte, und notierte in seinem Bericht, den er unmittelbar darauf schon in seinem Kopf verfasste:

»Sargento Giménez gefragt, ob die Gruppe, die ihn angegriffen habe, bewaffnet sei, antwortet: ›Ja, mein Teniente.‹ Und fügt hinzu: ›Mein Gott, schnappen Sie sie, die haben alle Waffen.‹«

Ohne zu zögern, entschied Teniente Bardajío, Arciegas' Gasthof in eine behelfsmäßige Kommandozentrale zu verwandeln. Und während er auf die Ankunft des Hubschraubers wartete, der ihn dorthin bringen sollte, funkte er die Kasernen in Cabezón und Reinosa an und erbat Verstärkung, wenn möglich motorisiert und mit einer Hundestaffel. Es handelt sich um eine wahre Jagd, und es ging darum, nun alles ins Rennen werfen.

Zweite Widrigkeit

Obwohl nach den ganzen widrigen Vorfällen lediglich ein letzter Schicksalsschlag gefehlt hätte, um die Situation völlig außer Kontrolle zu bringen, setzten die drei Gruppen ihren Weg zu dem Haus dessen, der der Anführer unter den Flüchtenden zu sein schien, zuversichtlich und gelassen fort. Auch die beiden Motorradfahrer rannten vertrauensselig mit – obwohl sie sich zu Recht fragten, was ihnen eigentlich vorzuwerfen war.

Zum einen, dass sie in dem Gasthof an einem Gelage teilgenommen hatten, bei dem sie ein wenig über die Stränge geschlagen hatten. Zum anderen hatten sie ein paar Substanzen zu sich genommen, von denen nicht ganz klar war, ob sie tatsächlich verboten waren, denn bislang war kein Gesetz erlassen worden, das es einem Bürger untersagt hätte, auf dem Feld ein paar Kräuter zu pflücken und mit ihren Säften einen Sud zu brauen und diesen im Freundeskreis zu trinken. Und schließlich hatten sie sich einer Handvoll Fischer angeschlossen, die in einem Naturschutzgebiet geangelt hatten. All das konnte man ihnen vorwerfen, wenn man wollte. Aber es war auch einfach, diese Vorwürfe wieder zu entkräften. Im Großen und Ganzen hatten sie vor dem Gesetz nichts zu befürchten, denn wenn sie erst einmal bei Anbruch des Tages wieder zu vollem Verstand gekommen wären, würde sich auch durch eine entspannte Aussprache unter allen Beteiligten jegliches Missverständnis aufklären. Und danach würden sie mit ein paar Gläsern Wein anstoßen, um den guten Ausgang eines so wahnwitzigen

Abenteuers zu feiern. Und sie würden sich dann wie gute Freunde voneinander verabschieden.

Am Rande der Wiese hielten die Flüchtenden schließlich an. Dem, der sich zum Anführer aufgeschwungen hatte, war auf einmal eingefallen, dass er in dem ganzen Tumult noch gar nicht die Gelegenheit gehabt hatte, sich vorzustellen, und er ging nun wie jemand, der auf einem Empfang ist und vor dem noch der ganze Abend liegt, auf alle ihm unbekannten Personen zu, um sie zu begrüßen und sich dabei als »Tobías« vorzustellen. »Tobías Renedo«, ergänzte er, wenn er die Hände seiner neuen Schicksalsgefährten fest drückte.

Und da er sich sofort danach umdrehte und sich an die Anführer der beiden anderen Gruppen wandte, um sie zu fragen, ob man ihnen gefolgt war (was sie kategorisch ausschlossen), bemerkte er nicht, welche Aufregung sein Name bei den Mitgliedern der Gruppe, die sich im Gasthof von Arciegas zufällig zusammengefunden hatte, auslöste.

»Er heißt Renedo«, flüsterte Chema Salinas dem Ingenieur mit argwöhnischer Miene zu, »kommt Ihnen das nicht wie ein sehr großer Zufall vor?«

»Überhaupt nicht«, antwortete der Ingenieur ebenfalls flüsternd, »es ist ein hier in den Tälern weitverbreiteter Nachname.«

Als Tobías Renedo bemerkte, dass sie über ihn redeten, konnte er nicht anders, als sie zu bitten, ihn in den Inhalt des geflüsterten Gesprächs einzuweihen.

»Vorhin im Gasthof«, klärte ihn der streitlustige unter den beiden Motorradfahrern auf, »erzählte man sich eine Legende, die die Bewohner des Tals hier wohl für wahr halten und in der ein Kanal und ein Mann, dessen Nachname zum Teil mit Ihrem übereinstimmt, eine große Rolle spielen.«

Als ahnte er, was gleich folgen würde, griff der Ingenieur rasch ein, um klarzustellen, dass er solchen Märchen keinerlei Bedeutung zumaß:

»Ich kann Ihnen versichern, es handelt sich um eine Geschichte, die sich vermutlich vor sehr vielen Jahren abgespielt hat und deren Hauptfigur ein Mann namens Rodrigo de Vargas y Renedo ist. Er war der letzte Conde von Villacarriedo und starb, ohne Nachkommen zu hinterlassen, weswegen ich nicht glaube, dass zu Ihnen oder Ihrer Familie die geringste Beziehung besteht.«

Der Mann, der sich ihnen als Tobiás Renedo vorgestellt hatte, gab dem Mann in Schwarz Recht, sein Nachname sei in den hiesigen Tälern weit verbreitet, ergänzte aber, dass seine Familie schon zu Zeiten seines Großvaters weg nach Santander gezogen war und dass er von dort nur im Sommer an so vielen Wochenenden wie möglich hierherkomme. Denn er sei ein fanatischer Angler und übe dieses Hobby gerne auch außerhalb der Saison und in Schonrevieren aus. Ginge es nach ihm, wäre damit die Sache erledigt, und er ließ sich auch keine besondere Neugier anmerken, denn die Legende des sogenannten Conde von Villacarriedo ging ihm, gelinde gesagt, am Arsch vorbei.

Doch in diesem Augenblick schaltete sich der dickere der beiden Sachverständigen ein, der sich nicht zufällig neben Chema Salinas gestellt hatte und den Ingenieur nun mit derselben argwöhnischen und herausfordernden Miene anblickte.

»Sie können über den Wahrheitsgehalt jener Legende sagen, was Sie wollen«, sagte er gereizt, »Sie müssen aber zugeben, dass das ganze Tal auf einmal verrückt spielt, seit in Los Tojos das rote Fohlen zur Welt gekommen ist. Und wenn Ihnen der unerklärliche Schneefall mitten im Juli oder die ganzen Gendarmen, die in die Wäldern um sich schießen, nicht Beweis genug sind, stimmen Sie mir doch wenigstens zu, dass uns seit heute Abend um acht die absonderlichsten Dinge zugestoßen sind.«

»Tut mir leid, wenn ich Sie unterbreche, aber haben Sie gerade von einem roten Fohlen gesprochen?«, mischte sich einer der Fischdiebe ein, ein Mann mit tadellosen Manieren und makelloser Erscheinung, der, um das Wort zu ergreifen, seine Ledermütze abgesetzt hatte und dabei eine ausgeklügelte Frisur an den Tag legte, der es mit nur wenigen Haaren gelang, eine jugendliche Fülle vorzutäuschen.

»Heute um vier Uhr nachmittags ist ein rotes Fohlen in Los Tojos zur Welt gekommen«, antwortete der dickere der beiden Sachverständigen, der die Freude darüber, dass es seinem Gegenüber ganz sicher den Atem verschlagen würde, nicht verbarg. Und er ließ ihm auch nicht einmal Zeit zu reagieren, sondern berichtete ihm ausführlich, was der Sattler von Bárcena erzählt hatte, und betonte dabei geflissentlich, dass er ein Sachverständiger und außerdem auf Tierzucht spezialisiert sei. Was ihn wiederum in die Lage versetze zu beurteilen: Der Umstand, dass das Tier auf sich gestellt und ohne Hilfe der Mutter – die eine Stunde zuvor einem Stirnschuss erlegen war – zur Welt gekommen war, sei übernatürlich.

Vielleicht weil sie aufgrund ihres geheimen Hobbys daran gewöhnt waren, mit Gefahren und Überraschungen zurechtzukommen, oder weil sie nicht ein einziges Wort der alten Geschichten glaubten, rief die Nachricht von den Ereignissen in Los Tojos bei den Fischdieben nicht eine solche Reaktion hervor wie einige Stunden zuvor im Gasthof. Sie beschränkten sich im Gegenteil darauf, das Gespräch wieder auf das zu lenken, worüber sie vorher geredet hatten, und waren sichtlich mehr an den Einzelheiten der Erzählung interessiert als an dem vermeintlichen Fluch, der der Legende zugeschrieben wurde.

»Wenn ich mich recht an die Geschichten erinnere, die mir mein Großvater, Gott hab ihn selig, früher erzählte«, fuhr der Mann mit den höflichen Manieren und der vorteilhaften Frisur fort, »sind diese Fohlen, die hier in den Tälern immer noch von Zeit zu Zeit zur Welt kommen, die Nachfahren eines Pferdes, das dieselbe Farbe hatte und das der Teufel einem geschenkt haben soll, den man in der Gegend den ›Hinkefuß‹ nennt. Aber ich hatte bisher noch nicht gehört, dass dieser Giftzwerg adeliger Abstammung gewesen sein soll – wenn das stimmt, was der Ingenieur erzählt.«

»Eigentlich«, entgegnete Letzterer, »fehlten, als wir im Gasthof die Erzählung unterbrachen, noch viele Jahre, bis Rodrigo de Vargas y Renedo, mittlerweile ein erbärmlicher, ehrloser, kranker und außerdem hinkender Greis, nach Villacarriedo zurückkehrte.«

Dritte Widrigkeit

Mit zunehmender Unruhe beobachtete Tobías Renedo, wie zu der Flasche, die der jüngere der beiden Motorradfahrer aus seiner Satteltasche gezogen hatte, nach und nach einiges von dem Proviant, der sich in den Körben und Rucksäcken der Fischdiebe befand, hinzugestellt wurde, und als er sich darüber im Klaren war, dass, wenn er nicht umgehend Gegenmaßnahmen ergreifen würde, die ganze Truppe bald wieder um ein warmes Feuer säße und dem lauschte, was der in Schwarz gekleidete Herr zum Besten gab, wollte er sich einschalten und die Anwesenden daran erinnern, dass der Hubschrauber sie bereits entdeckt und mit hoher Wahrscheinlichkeit ihre Position schon per Funk durchgegeben hatte. Weswegen es nicht lange dauern würde, bis es in den Wäldern nur so von Patrouillen und Hunden wimmelte, die ihrer Spur folgten.

Doch es war gar nicht notwendig, dass er einschritt, denn genau in dem Augenblick wollte es das Schicksal, dass sich etwas sehr Unwahrscheinliches ereignete: Zwei leere Flaschen, die von einem Schäfer und einem Fischdieb zur gleichen Zeit von ziemlich weit voneinander entfernten Punkten in die Luft geschleudert worden waren, stießen auf ihrer Flugbahn über einer Gruppe von Felsen am gegenüberliegenden Ende der Wiese zusammen. Der Zusammenstoß klang wie ein Schuss, und unmittelbar darauf folgte das Echo, das ihn verstärkte und in den benachbarten Tälern verbreitete und von Berg zu Berg widerhallte, als ob in der ganzen Sierra de Bárcena auf einmal Krieg ausgebrochen wäre.

Und da alle in die Richtung blickten, in der es geknallt hatte, sahen sie, wie aus den Felsen auf der gegenüberliegenden Seite einer nach dem anderen Männer heraustraten, die einen Jagdrock trugen und Gewehre für die Hochwildjagd bei sich hatten und nun mit erhobenen Armen auf die Wiese traten und ihnen Zeichen machten, als wollten sie sagen: »Wir sind's doch bloß.«

»Halt«, sagte derjenige, der allem Anschein nach ihr Anführer war, »nicht schießen, wir ergeben uns freiwillig.«

So etwas hatte ihnen gerade noch gefehlt: Es war eine Gruppe Wilderer, was ihnen nicht nur die Art der mitgeführten Waffen anzeigte, sondern auch der Hirsch, den zwei von ihnen am Geweih hinter sich herzogen, und das Wildschwein, das zwei andere an den hinteren Läufen gepackt trugen.

Und wenn die Überraschung der Flüchtenden groß war und ihnen ungelegen kam, war die der Jäger nicht weniger groß und weniger ungelegen, als sie bemerkten, dass sie sich nicht der Guardia Civil, sondern einer Gruppe Fischdieben ergeben hatten – die zu allem Überfluss noch von zwei Motorradfahrern in dicker Lederkluft und Stiefeln begleitet wurden, die so mächtige Handschuhe trugen, dass man sie für Rennbobfahrer hätte halten können.

»Mensch, Gabino, das hätte auch niemand anderes als du sein können«, rief Tobías Renedo aus und rannte dem Anführer der Neuankömmlinge entgegen, um ihn herzlich zu umarmen.

»Das musst gerade du sagen«, antwortete Gabino.

Und dann rügten sie sich gegenseitig dafür, dass sie sich ausgerechnet diese Nacht ausgesucht hatten, um ihre Schandtaten zu begehen.

Die beiden Motorradfahrer und der Ingenieur, die inmitten der vielen Widrigkeiten immer noch daran festhielten, dass es möglich sein müsse, die Lage unter Kontrolle zu bringen, wechselten Blicke, als wollten sie einander sagen: »Gehen wir? Hier sind doch alle durchgedreht.«

Aber es blieb ihnen keine Zeit, denn das bedrohliche Knattern des Hubschraubers, das bis dahin relativ gedämpft aus der Ferne zu ihnen gedrungen war, näherte sich, alarmiert durch den Widerhall des vermeintlichen Schusses, nun unerbittlich wie ein Haifisch, der gerade die Witterung einer verwundeten Beute aufgenommen hat.

Das Beste wäre es, sich zu ergeben

Während die Neuankömmlinge das schon bekannte Ritual ausführten, die ihnen angebotenen Orujo-Flaschen erst abzulehnen, weil ihnen ihr Inhalt verdächtig vorkam, dann aber vorsichtig zu probieren und schließlich nach einer Geste, die eine angenehme Überraschung ausdrücken sollte, sich um das Vorrecht zu streiten, einen zweiten und viel gehaltvolleren Schluck zu nehmen, erwiesen sich Tobías Renedo und sein Freund Gabino als Anführer ihrer Gruppen, die zwei Motorradfahrer und der Ingenieur als geistesgegenwärtig genug, um sich zurückzuziehen und sich zu beratschlagen.

»Wir können nicht mit Bestimmtheit sagen, ob die Guardia Civil sich wirklich über uns so aufregt«, sagte Tobías Renedo und zeigte auf den Hubschrauber, der in dem Augenblick mit seinem Scheinwerfer die Wiesen am Hang absuchte, wo seine Besatzung sie vor kurzem gesichtet hatte, »oder ob sich da unten wirklich etwas Schlimmes ereignet hat und es ihnen ernst ist. Das Ganze stellt sich für mich wie folgt dar: Wenn so eine Maschine in der Luft ihre Runden dreht und die Wälder voller Hundepatrouillen sind, hat eine Gruppe von mehr als zwanzig Personen keine Chance, unentdeckt zu entwischen. Ich halte es also für unmöglich, dass wir bei mir Zuflucht suchen, auch wenn mein Haus nur knapp zwei Kilometer von hier entfernt ist.«

»Dann wäre es also ratsam, ein gutes Versteck für die Waffen, den Tross und die Beweise, die gegen den einen oder anderen von uns verwendet werden könnten, zu suchen«, fuhr sein Freund Gabino fort, während er sich eine dicke Zigarette drehte, die er äußerst geschickt in die Form eines abgeschnittenen Kegels brachte. »Dann könnten wir uns in Gruppen von drei, vier Mann aufteilen und sehen, ob es einer von uns mit etwas Glück nach Hause schafft, ohne festgenommen zu werden.«

»Und auf die Gefahr hin, dass Ihnen das dreist vorkommt«, sagte der, der Gabino genannt wurde, während er die Zigarette weiterreichte, »das Einfachste wäre es, wenn Sie uns erlaubten, Ihr Alibi zu übernehmen und wir uns darauf verständigen könnten, dass wir alle aussagen, wir hätten im Gasthof zu Abend gegessen und seien dann aufgebrochen, um Arciegas und den Sattler zu suchen. Ich weiß, das klingt wie eine große Lüge und ist so unwahrscheinlich, dass Teniente Bardajío uns nicht eine Minute lang Glauben schenken wird. Denn es macht keinen Sinn, dass mehr als zwanzig Personen sich in einer solchen Nacht aufmachen, um zwei Personen aufzuspüren, deren Auto mehrere Kilometer entfernt liegengeblieben ist. Dennoch, ganz gleich wie er sich aufführen wird, wenn wir alle an dieser Version festhalten, wird dem Teniente keine andere Wahl bleiben, als es hinzunehmen.«

Am Ende einigten sie sich. Und während Tobías Renedo und sein Freund Gabino ihren Gruppen Anweisungen und Losungen gaben, besprachen die zwei Motorradfahrer und der Ingenieur unter sich die getroffenen Vereinbarungen. Sie stimmten darin überein, dass das Alibi so unglaubwürdig war, dass es fast an eine Beleidigung grenzte, sahen jedoch ebenfalls ein, dass sie unter den gegebenen Umständen keine bessere Lösung anzubieten hatten. Als die Zuständigen ihre Leute unterwiesen und sich wieder zu den anderen gesellt hatten, sagte Gabino zu den beiden Motorradfahrern:

»Das bedeutet also, dass Sie sich einer der beiden Gruppen anschließen oder mit uns zum Gasthof kommen können. Sie müssen ja sowieso früher oder später dorthin zurück, um Ihre Motorräder abzuholen. Und da Sie ja mit den ganzen Verwicklungen nichts zu tun haben, können Sie den Irrtum rasch aufklären und bald weiterreisen.«

Dieses Mal mussten sich die beiden Motorradfahrer nicht mit Blicken verständigen, denn der Vorschlag war von solch einer bestechenden Logik, dass sie umgehend den Weg zurück zum Gasthof in Angriff nahmen.

Zweiter Teil

Die Rückkehr

Der Niedergang einer Macht

»Obwohl er noch nicht einmal das sechzigste Lebensjahr erreicht hatte, war der König bereits ein ausgemergelter und kranker Greis. Wenn er zurückschaute und Bilanz zog, verspürte er Stolz. Allein mit der Kraft seines Willens und gestützt auf die Macht des Schwertes, hat er viel aufgebaut. Doch wenn er den Kopf hob und nach vorne blickte, dann fühlte er sich bedrückt. Und wie er es sich schon vor einiger Zeit zur Gewohnheit gemacht hatte, sah er auf und ließ seinen Blick über die Stapel unerledigter Schriftstücke wandern. Dann hielt er nachdenklich inne und strich mit der Gänsefeder über seine Wangen. Die hatte er in die Hand genommen, um einen Brief zu schreiben, der auf seinen Knien lag. Und in dem immer noch, genau wie vor sieben Monaten, als er ihn begonnen hatte, stand:

›Lieber Sohn,...‹

Das plötzliche Hereinstürmen der kleinen Truppe aus Sekretären und Beratern, angeführt von dem Mayordomo und zwei Dienern, die sein Frühstück hereinbrachten, schreckte den König auf. Reflexartig blickte er zum Fenster und stellte in einem Anflug von Überraschung fest, dass er sich eine weitere Nacht um die Ohren geschlagen hatte und zwischen dem Wälzen alter Probleme und dem Versinken in verstörende Albträume ein neuer Tag angebrochen war. Und dass der Brief, in dem er seinem Sohn Philipp die unwiderrufliche Entscheidung mitteilen wollte, abzudanken und sich in ein Kloster zurückzuziehen, immer noch genauso weit war wie vor sieben Monaten, als er kurzentschlossen zur Feder gegriffen und ihn begonnen hatte:

›Lieber Sohn,...‹

Sehr bedächtig und darauf achtend, sein Bein, das von der Gicht angeschwollen war, nicht zu belasten, drehte der König seinen Stuhl zu dem Tischchen, das die Diener brachten und auf dem ein Tablett mit einem Teller gerösteter und in lauwarmem Wasser eingeweichter Weizenkleie stand – sein Frühstück. Als er das frugale Mahl zu sich genommen und die Lippen mit der vom Mayordomo gereichten Stoffserviette abgewischt hatte, drehte der König seinen Stuhl erneut herum, nun zum Arbeitstisch, und ordnete an, dass die Angelegenheiten, die gestern liegengeblieben waren, bearbeitet werden sollten. Und auch die von vorgestern. Und auch die anderen. Und auch die von vor einem Jahr.

Nachdem er einen knappen Abriss über die Tragweite und die Folgen eines anstehenden Beschlusses schweigend angehört hatte – es kam sehr selten vor, dass er unterbrach, um eine weitere Erklärung zu verlangen –, unterschrieb der König und drückte sein Siegel auf die Schriftstücke, die ihm seine Minister und Berater eines nach dem anderen vorlegten.

Während der ganzen Zeit streichelte er mit der anderen Hand den Brief, der unter dem Tisch auf seinen Knien lag: Ideal wäre es, im Süden in irgendeinem warmen und zwischen den Bergen verborgenen Tal ein kleines Kloster zu suchen; sich ein schlicht möbliertes Zimmer herrichten zu lassen, mit nur zwei Gemälden mit frommen Motiven geschmückt, eines von Moro und das andere von Tizian oder vielleicht eines von Andrea del Sarto; und das Bett an die Zwischenwand zur Kirche zu stellen und in sie ein Fenster einziehen zu lassen, sodass er nur noch befehlen müsste, die Abdeckung beiseite zu schieben, um die heilige Messe hören zu können, ohne sich vom Bett erheben zu müssen.

Das war von nun an sein ganzer Horizont und sein Traum. Und der König, der alt und gebrechlich war, aber immer noch einer der hellsten Köpfe seines Jahrhunderts, hatte nicht aufgehört, über den Lauf des

Lebens zustaunen. Und überraschend war wiederum, dass der mächtigste Monarch der Welt nur noch einen einzigen Traum hegte, nämlich sich an das große Fenster eines abgelegenen Klosters zu setzen und den Anbruch der Abenddämmerung zu verfolgen – mit derselben Gelassenheit, mit der er den Tod herantreten sähe, wenn dieser käme, um seine Seele zu holen.«

Ein plötzlicher Abschied

»Seine Sekretäre und Berater, die es zweifellos schon gewohnt waren zu sehen, wie er in letzter Zeit die Staatsangelegenheiten derart lustlos erledigte, als wüsste er, dass seine Zeit zu Ende ging, mussten an diesem Morgen stutzig geworden sein, als sie bemerkten, dass der Kaiser die dringlichsten Angelegenheiten genüsslich zum Abschluss brachte und dass er sogar den Erklärungen, die man ihm gab, aufmerksam folgte, um dann mit einer auffallend sicheren und bestimmten Hand seine Unterschrift zu setzen.

Kurz vor dem Ende der Sitzung tat er noch etwas Merkwürdigeres. Statt wie sonst seine Kammerdiener zu rufen, damit sie ihn zurechtmachten und er die zahlreichen Botschafter und Sondergesandten, die im Vorraum warteten, würdevoll empfangen konnte, befahl er, ihn allein zu lassen und unter keinen Umständen zu stören. Und als alle gegangen waren, zog er den Brief, den er so viele Monate schon hatte verfassen wollen, unter dem Tisch hervor. Er tauchte die Feder mehrmals in das Tintenfass und schrieb mit einem solchen Schwung, der ihm selbst unmöglich erschien:

›... Ich hoffe, Du erfreust Dich, wenn Du diesen Brief empfängst, bester Gesundheit und bist in klarer geistiger Verfassung, denn die Entscheidung, über die ich lange nachgedacht habe und die ich Dir jetzt unwiderruflich mitteile, wird Dir alle Deine Kraft abverlangen bis ans Ende Deiner Tage.‹

In den folgenden Tagen beruhigten sich seine Adjutanten und Berater, die die außergewöhnliche Entscheidung, die der König getroffen hatte, noch nicht kannten, wieder, als sie sahen, dass er mit den Staatsangelegenheiten schon bald wieder nachlässig und unwillig verfuhr. Sie durften sogar feststellen, dass er ihnen noch gleichgültiger und unbeteiligter vorkam als zuvor.

Er überraschte sie trotzdem noch einmal, als er sie ohne vorherige Ankündigung bat, ihm so viele Gnadenerlasse zur Unterschrift vorzulegen, wie Häftlinge in den königlichen Verliesen saßen, die sich Majestätsbeleidigung zuschulden hatten kommen lassen. Die Höflinge konnten es nicht ahnen, aber der König wusste, dass ihm die Stunde bald schlagen würde, und hatte sich entschlossen, mit seinem Gewissen ins Reine zu kommen. Deshalb wollte er, soweit dies möglich war, jedwede Ungerechtigkeit, die er bei der Ausübung seiner höchsten Amtsgewalt als Souverän begangen hatte, wiedergutmachen.«

Bei ihrer erneuten Ankunft im Gasthof

»Ich lese an Ihren Gesichtern ab, dass Sie ernsthafte Einwände erheben werden wegen der vielen Ungereimtheiten und Sprünge, die Ihnen ganz sicher in meiner Erzählung aufgefallen sind«, sagte der Ingenieur und richtete sich auf einem Stapel von Milchpulverpaketen ein, die ihm als Sitzgelegenheit dienten. »Und ich gebe zu, dass Sie sicher bei den meisten davon Recht haben. Aber bevor Sie mich nun vorführen, bitte ich Sie, mich kurz zu entschuldigen, denn seit einer Weile kündigt mir die Natur das Bedürfnis an, eiligst eine Evakuierung in geringerem Umfang vorzunehmen.«

Und während der Erzähler in der hintersten Ecke des Stalls, in dem sie jetzt eingesperrt waren, sein

Bedürfnis erledigte, ging die Zuhörerschaft dazu über, die Höhen und Tiefen, die der junge Rodrigo auf seinem Lebensweg erlitten hatte, angeregt zu kommentieren, ebenso wie die Widersprüche, die in der Erzählung zutage getreten waren. Und dabei nutzten sie die Unterbrechung, um erneut die verborgenen Taschen und Hohlräume ihrer Jacken und Pelzwesten zu durchsuchen, die zum Erstaunen der beiden Motorradfahrer ein Fass ohne Boden waren. Die acht oder zehn Personen, die in diesem Stall eingeschlossen waren, hatten schon eine gute Weile zusammen verbracht, und jedes Mal tauchte nach einer Durchsuchung der Kleidung am Ende wieder etwas auf, seien es ein paar Stücke Stockfisch und Dörrfleisch und einige Dosen Ölsardinen, seien es Hirschsülze und Wildschweinwürste, eine Kaninchen- und Amselpastete oder ein paar entbeinte Hühnerkeulen, gefüllt mit Trüffeln und Zwiebelkonfitüre. Schließlich und endlich bestehe der Spaß an der wilden Fischerei und Jagd, erklärten sie den beiden verdutzten Motorradfahrern mit einem verschwörerischen Augenzwinkern, nicht nur darin, verbotenes Wildbret zu erbeuten, sondern auch im Feiern der Jagderfolge mit einer großen Tafelrunde. Und um dazu einen angemessenen Beitrag zu leisten, versuchten alle, schon gut mit Proviant ausgestattet aufzubrechen. Außerdem hatte einer von ihnen entdeckt, dass sich in einer der Seitenwände des Stalls eine Klappe befand, hinter der sich eine Kammer verbarg, in der Arciegas eine neue und gar nicht zu verachtende Auswahl an Weinen gelagert hatte – ein Grund, warum die Versorgung mit Alkohol als praktisch unbegrenzt gelten durfte.

Ein paar Stunden zuvor, als sie erneut am Gasthof eintrafen, gerieten die zwei Motorradfahrer über die Dinge, die sich in ihrer Abwesenheit verändert hatten, sehr ins Staunen. Am Vorabend, als sie sich auf den Weg zum Haus des Sattlers von Bárcena begaben, hatte der große Gewölbesaal am Ende fast die Wärme eines echten Zuhauses verströmt, seine wirklichen Dimensionen waren auf einen vom Feuer beleuchteten Kreis geschrumpft. Nun jedoch im fahlen, grauen Licht, das durch die geöffneten Fenster hereinfiel, zeigte sich der große Raum in seinem ganzen unwirtlichen, klapprigen und knausrigen Niedergang: schmutzige Wände, an denen der Putz abbröckelte, verstaubte Spinnweben, die von Balken herabhingen, und ein verschmierter Steinboden.

Der Tisch, an dem sie am Vorabend noch getafelt hatten, verschwand nun unter einer großen Militärkarte der Gegend, die von zwei robusten Petroleumlampen beleuchtet wurde. Man sah auch einen riesigen Funkempfänger, an dem in diesem Augenblick ein Muskelprotz mit einer bis zum Bauchnabel aufgeknöpften Armeejacke und einem geöffneten Leibgurt hantierte. Der auseinanderstiebende Aufruhr seiner Haare und der schwärzliche Bart, der sein kraftvolles und kantiges Kinn unterstrich, trugen nicht gerade dazu bei, ihm ein freundliches Aussehen zu verleihen.

»Ja, wir haben noch mal fünf geschnappt«, brüllte der gutgebaute Mann in das Mikrofon, als sie den Saal betraten. »Und ihr?«

Das Anschwellen des statischen Knisterns und Prasselns gab den Neuankömmlingen zu verstehen, dass am anderen Ende des Äthers jemand etwas gesagt haben musste. Zumindest nickte der Muskelprotz mehrmals und kratzte sich dabei mit den Fingernägeln der freien Hand krack, krack, krack die Brusthaare, die wie Stacheln aus seiner offenen Armeejacke herausragten.

»Okay, aber wenn ihr sie habt, bringt ihr sie mir her. Und die Patrouillen sollen weitersuchen. Nach meinen Berechnungen müssen noch mindestens zehn oder zwölf Flüchtlinge unterwegs sein«, sagte er. Und nachdem er das Lautsprechermikrofon wieder an seinen Haken gehängt hatte, wandte er sich zu den Festgenommen. Obwohl man, wenn man es genau nahm, nicht einmal von einer Gefangennahme sprechen konnte.

Es stimmt zwar, dass Tobías Renedo und sein Freund Gabino den zwei Motorradfahrern und dem Ingenieur dort oben in den Wäldern erklärten, warum es am besten wäre, wenn sie sich aus freien Stücken vor dem Gasthof ergeben würden. Sie rechneten aber sowieso damit, dass sie früher oder später von Gendarmen und Hunden gestellt würden und man sie ins Hauptquartier brächte. Und da dies der Moment der größten Anspannung und Gefahr sein würde, waren die beiden Motorradfahrer und der Ingenieur, die ja diejenigen waren, die am wenigsten daran gewöhnt waren, derartige Situationen zu durchstehen, von den beiden Gruppenanführern sorgfältig aufgeklärt worden, wie sie sich bei einer Festnahme zu verhalten hatten:

»Vor allem eins: Machen Sie keine schnellen Bewegungen, denn das könnte einen Widerstand gegen die Festnahme andeuten oder die Absicht, wieder zu fliehen«, hatte ihnen Tobías Renedo eingeschärft.

»Und ziehen Sie auch in Betracht«, hatte sein Freund Gabino ergänzt, »dass sowohl die Gendarmen als auch die Hunde wahrscheinlich erschöpft und sehr angespannt sind, nachdem sie die ganze Nacht durch die Wälder patrouilliert sind. Außerdem wissen sie im Grunde nicht, wen sie suchen, und deswegen wissen sie auch nicht, ob wir gefährlich sind, und nicht einmal, ob wir Waffen tragen.«

Die tatsächliche Verhaftung jedoch, wenn man überhaupt von einer Verhaftung sprechen konnte, war ganz anders verlaufen, als sie es sich vorgestellt hatten. Aufgrund der großen Geländekenntnis, die Tobías Renedo und sein Freund Gabino an den Tag legten, stellte sich der Rückweg von den Wäldern bis zum

Gasthof als ein angenehmer und keinesfalls schwieriger Spaziergang im Morgengrauen heraus, der sie durch abgelegene Schluchten und Täler führte, deren Flanken von Klammen durchzogen waren, durch die von Neuem das Wasser floss und tiefe Schneisen in den Schnee spülte. Und so, vertieft in ein angenehmes Gespräch über dieses und jenes und auch mal einen Halt einlegend, um die wundersamen Formen zu betrachten, welche die unter der Eisschicht vereinten Pflanzen und Gesteine hervorgebracht hatten, gelangten sie schließlich auf das an den Gasthof grenzende Gelände.

Das rege Kommen und Gehen der Gendarmen, die die behelfsmäßige Kommandozentrale betraten, um Befehle zu empfangen, und sie eilig wieder verließen, kam zum Erliegen, als diese bemerkten, wie sie auf dem benachbarten Gelände auftauchten. Und sie brauchten eine Weile, um zu reagieren, doch schließlich nahmen sie sie fest, und nachdem sie sie schnell durchsucht hatten, führten sie sie mit einem fest auf den Rücken gedrückten Arm in den großen Gewölbesaal. Letzteres allerdings nicht, um ihre Flucht zu verhindern, sondern um sich vor ihrem Chef als diensteifrig zu zeigen.

»Euch beide kenne ich schon«, sagte Teniente Bardajío und meinte Tobías Renedo und seinen Freund Gabino, auch wenn er sie keines einzigen Blickes würdigte. »Und Sie«, fuhr er fort, nachdem sein Blick nur kurz auf dem Ingenieur geruht hatte, »habe ich dabei gesehen, wie Sie in der Gegend mit Ihren Instrumenten Vermessungen durchgeführt haben. Weswegen also ihr beiden«, folgerte er und drehte sich dabei leicht zu Santiago Malpás und Chema Salinas, »die Besitzer der zwei Motorräder sein müsst, die da draußen stehen. Also gut, allesamt erst einmal: die Papiere!«

Santiago Malpás kramte seinen Ausweis, seinen Führerschein sowie den Fahrzeugschein des Motorrads heraus und suchte dabei den Blick von Chema Salinas. Mit den Augen dirigierte er ihn zu den vier Gegenständen, die benutzt worden waren, um die Ecken der auf dem Tisch ausgerollten Militärkarte zu beschweren. Und als er überzeugt war, dass Chemas Salinas begriffen hatte, um welchen davon es ihm ging und dass er die entsprechenden Schlüsse gezogen hatte, antwortete Santiago Malpás mit einem resignierenden Schulterzucken auf den Ausdruck von Abscheu, der auf Chema Salinas' Gesicht lag, als er dem Teniente Bardajío seine Papiere aushändigte.

Sowohl Santiago Malpás als auch Chema Salinas hatten sich in den Momenten höchster Angst und Verlorenheit im Wald vorgestellt, dass Bardajío ihnen wie ein Ehrenmann die Hand reichen und sie dann – nachdem die bedauernswerten, in der Nacht aufgetretenen Missverständnisse einmal aufgeklärt wären – zu ihren Motorrädern begleiten würde. Sich gegenseitig um Entschuldigung bittend, würden sie ihre Helme wieder aufsetzen und die Handschuhe anziehen, auf die Motorräder steigen, um davonzubrausen und nie wieder zurückzukommen – zumindest nicht ohne vorher den Wetterbericht zurate zu ziehen.

Nun aber wurde ihnen klar sie, dass ihnen ein Tag bevorstand, der die logische Fortsetzung der nächtlichen Kalamitäten war. Denn zwei der vier Gegenstände, welche die Ecken der Karte beschwerten, waren Petroleumlampen, der dritte eine Dienstpistole in ihrem Halfter und der vierte ein Glaskrug, in dem sich eine dampfende Flüssigkeit befand. Da das Licht spärlich war, konnte man nicht ausmachen, worum es sich handelte. Doch ihr Duft war unverwechselbar.

Zu allem Überfluss war der Teniente, wie sie feststellen durften, als er ihre Papiere minuziös überprüfte, ein vorbildlicher Chef, der sich um das Wohlergehen seiner Untergebenen sorgte. Jedenfalls war es das, was man aus seinen großzügigen Gesten ableiten konnte, mit dem er noch den Letzten einlud, einen anständigen Schluck aus dem Krug zu trinken, um sich von innen heraus zu erwärmen, und dann die Feldflaschen mit dem dampfenden Inhalt des großen Kupferkessels aufzufüllen, der am Feuer auf ein paar Backsteinen stand. Wenn man darüber nachdenken wollte, würde diese Großzügigkeit erklären, warum die vielen Patrouillen, die in ihre Richtung ausgeschwärmt waren, sie auf ihrem Rückweg trotzdem nicht entdeckt hatten.

Ein erneutes Anschwellen des statischen Rauschens und der verzerrten Stimme signalisierte ihnen, dass einer aus der Ferne dem Teniente etwas sehr Dringliches mitzuteilen hatte. Der rief, bevor er nach dem Mikrofon griff, einen seiner Untergebenen zu sich und sagte ihm mit einem Nicken in Richtung einer Tür am Ende des großen Saals:

»Sperre sie zu den anderen, und dann hol mir ein Glas, wenn's geht, ein sauberes.«

Teniente Bardajío rutscht die Hand aus

Während der Gendarm die Tür mit einem Strick festband, der bisweilen – jedenfalls immer wenn das eigentliche Schloss kaputt war – als Riegel diente, hatte Santiago Malpás die Gelegenheit, Teniente Bardajío zu beobachten, der erneut in das Mikrofon sprach. Er sah, wie er gleichzeitig mit der freien Hand nach dem Krug griff und sich sein Glas bis an den Rand füllte. Hätte er dieses vor dem ersten Schluck gegen das Licht gehalten, hätte ihn die Farbe des Getränks womöglich aufgeschreckt. Doch Teniente Bardajío empfing nur einen wirren Funkspruch nach dem anderen. Oder Meldungen, die nicht zu dem passten, was er hören wollte. Es stellte sich der Eindruck ein, dass die Festnahmen, die seine Männer draußen in den Wäldern durchführten, sich immer schwieriger gestalteten. Deshalb war der Teniente auch nicht in der Stimmung, die chromatischen Feinheiten dessen zu würdigen, was er sich hinter die Binde kippte.

Nach dem zu schließen, was er auf das antwortete, was er aus dem Funkempfänger vernahm, glaubte er nicht im Geringsten daran, dass die Festgenommenen Naturfreunde und Beobachter von Nachtvögeln seien, wie diese angaben.

»Es ist mir scheißegal, dass es ihnen gelungen ist, die Pakete, die sie bei sich hatten, zu verstecken, und ihr sie nicht des Schmuggels bezichtigen könnt. Du bringst mir diese Individuen hierher, und ich finde schon heraus, ob sie wirklich im Mondschein spazieren gegangen sind oder nicht, hörst du?«

Und kaum hatte er das Funksprechermikrofon an den Haken gehängt, da füllte er sich schon das nächste Glas. Bis an den Rand. Er wirkte sehr nachdenklich. Als ob in seinem Kopf finstere Vorahnungen Gestalt annehmen würden.

In dem Stall hatte sich inzwischen eine sehr heitere Stimmung breitgemacht. Die Neuankömmlinge durften beim Eintreten feststellen, dass schon ein halbes Dutzend der Geflohenen dort war, unter ihnen Jäger und Angler sowie der kahlköpfige Sachverständige und einer der beiden Schäfer. Ihnen zufolge kümmerten sich die Gendarmen bei ihrer Festnahme nur darum, zu überprüfen, ob sie Waffen bei sich hatten, und waren deshalb bei der Leibesvisitation nicht besonders gründlich, weswegen nun alle das, was sie in ihren Taschen fanden, zu einem Essen beisteuerten, das üppiger ausfiel, als man unter den gegebenen Umständen hätte erwarten können. Die Neuankömmlinge wurden freundlich eingeladen, sich auf die Milchpulverpakete zu setzen, die Arciegas dort aufbewahrte, und an dem spontanen Picknick teilzunehmen.

Beim Essen sah Santiago Malpás seine Befürchtung, dass noch ein langer und komplizierter Tag vor ihnen lag, bis alles aufgeklärt sein würde, bestätigt. Denn laut dem, was ihm seine Mitgefangenen erzählten, hatten diese die Waffen und Angeln versteckt und ihre Fänge und die Jagdbeute im Schnee verbuddelt und sich danach in Gruppen aufgeteilt. Und offensichtlich war es fast der Hälfte von ihnen gelungen, die feindlichen Linien zu durchbrechen. Weswegen sie, statt weiter durch die Wälder zu streifen, wie Teniente Bardajío annahm, zu dieser Stunde schon zu Hause schliefen, nachdem sie sich ein stärkendes und wohlverdientes Mahl genehmigt hatten. Da sie also noch auf die offizielle Einstellung der Fahndung – es gab ja gar keine Flüchtlinge mehr – warten mussten und dann darauf, dass die Verhöre begännen, war es klar, dass es noch eine Weile dauern würde und sie so lange weiter eingesperrt sein würden.

Zurück zur Geschichte

Da sich die Angelegenheit also ewig in die Länge zu ziehen drohte, erschien es am vernünftigsten, der Situation mit großer Gelassenheit zu begegnen und einen Weg zu suchen, die vor ihnen liegenden Stunden möglichst kurzweilig zu verbringen. Also zögerte Santiago Malpás nicht lange und kam wieder auf die unterbrochene Geschichte des Rodrigo de Vargas y Renedo, Conde von Villacarriedo, zurück. »Wenn ich mich recht erinnere«, sagte er wie jemand, der sich zu entsinnen versuchte, »waren wir bei dem Punkt stehengeblieben, an dem er den Himmel und den König in aller Öffentlichkeit verfluchte und eine Zeit des Ungemach für ihn anbrach, die ihn auf ewig zum Hinkefuß von Villacarriedo machen sollten.«

»Für dienigen, die vorher im Gasthof noch nicht dabei gewesen sind«, begann der Ingenieur, ohne dass man ihn bitten musste, »aber auch um diejenigen, die den ersten Teil der Geschichte schon gehört haben, nicht zu langweilen, verrate ich nur so viel, dass sich ein Adliger, der hier in den Tälern lebte und Rodrigo de Vargas y Renedo hieß, aufgrund eines bedauerlichen Missverständnisses mit dem König zu Tode gekränkt fühlte. Weil er ein Mann mit einem fast teuflischen Stolz war und sich betrogen fühlte, lästerte er fürchterlich gegen den Himmel und beleidigte seinen König unentschuldbar.

Wenn sich die Erregung erst einmal gelegt und man noch mal über das eigene Verhalten nachgedacht hätte, wäre wohl jeder vernünftige Mensch in gestrecktem Galopp davongeritten, um den Folgen seiner Worte zu entfliehen. Nur Rodrigo nicht. Als einer seiner Spione zu ihm kam, um ihm mitzuteilen, dass im Hafen von San Vicente eine Galeere angelegt hatte, auf der sich Oidores befanden, Richter der Heiligen Inquisition, die den Auftrag hatten, ihn festzunehmen, trat er nicht etwa die Flucht an, sondern sagte, wie man sich erzählt, Folgendes:

›Wenn dieser Hund es wagt, seine Hand gegen mich zu erheben, wird auch der letzte seiner Untertanen erfahren, was sein Wort und seine Schwüre wert sind, und unzählige werden sich gegen ihn erheben.‹

Unbeeindruckt von den Drohungen nahmen die Oidores den schrulligen einheimischen Adligen nicht nur fest, sondern verfrachteten auch den Rest seiner Familie auf die Galeere und brachten sie zum Schloss von Bellver auf Mallorca. Dort, vergessen vom König und von allen anderen, starben die Mitglieder der einst so stolzen Familie einer nach dem anderen vor Scham und Schmach. Dem Erstgeborenen kam die zweifelhafte Ehre zuteil, den Rest der Sippe zu überleben.

Ich hatte ja schon eine ganze Weile die eigentliche Reihenfolge der Erzählung missachtet«, fuhr der Ingenieur fort, nachdem er einen großzügigen Schluck aus der ihm angebotenen Flasche genommen hatte, »und verraten, dass der König am Ende seines Lebens Rodrigo de Vargas begnadigte und befahl, ihn freizulassen, aber er gab ihm weder seine Titel und Ehren zurück, noch bat er ihn, entgegen dem, was der Gefangene innigst erwartete, um Verzeihung oder zeigte Reue, dass er ihm seine ganzen Besitztümer weggenommen und ihn lebenslänglich in einen düsteren Kerker gesperrt hatte.«

Zurück ins Leben, wenn auch spät

»Als der Herrscher sich dazu entschloss, Rodrigo de Vargas y Renedo zu begnadigen, war dieser schon ein kränkelnder, gebrechlicher, hinkender Greis, der sich kaum noch auf den Beinen halten konnte vor lauter Schmerzen, die ihm die von den vielen in einem Verlies verbrachten Jahre ruinierten Gelenke bereiteten. Man holte ihn ohne Erklärung aus dem Keller und brachte ihn eiligst zu seinem ehemaligen Familienbesitz zurück. Ein paar Diener des Königs trugen ihn, aber nicht in einer luxuriösen Sänfte, wie es einem adligen Herren entsprochen hätte, sondern eingesperrt in einen Käfig aus Eisenstäben, durch die man seine Blöße und Scham sah. Ein Herold ging voran und verkündete, dass ihm diese Strafe auferlegt worden war, weil er es eines Tages gewagt hatte, die Waffen gegen den König zu erheben. Nachdem man ihn drei Tage lang auf diese Art und Weise ausgestellt hatte, luden ihn die Schergen des Königs vor dem verfallenen Palast der Familie ab und gaben ihm beim Abschied den ausdrücklichen Befehl, sich in Villacarriedo zur Ruhe zu setzen und die Gemarkung der Gemeinde nie wieder zu verlassen.

Und da die Schergen des Königs die perfide Idee gehabt hatten, ihn auf dem kleinen Platz vor seinem Elternhaus abzusetzen, konnten seine ehemaligen

Nachbarn und Diener sehen, wie er den Weg von dem Käfig bis zu seinem Haus mit dem stark schwankenden Gang zurücklegte, der ihm nun eigen war. Dennoch war dies wohl das erste und fast auch das letzte Mal, dass seine Nachbarn ihn aus eigenem Antrieb gehen sahen. Nachdem er die Schwelle seines Hauses überschritten hatte, verriegelte er, so gut er konnte, die Tür und verharrte völlig allein und im Dunkeln fast einen Monat darin. Als er wieder herauskam, saß er schon auf diesem Klepper mit rotem, struppigem Fell und einem so wilden und widernatürlichen Blick, dass sich alle – berechtigterweise – sicher waren, dass dies nur die Folge eines wie auch immer gearteten Pakts mit dem Teufel sein konnte. Denn er wurde ja in einem Käfig hergebracht und war, nachdem er in seinem Haus Zuflucht gesucht hatte, weder ausgegangen, noch hatte er Besuch empfangen. Woher stammte also der erbärmliche Klepper? Er war hart wie Stein, und wegen seiner weit auseinanderstehenden ungleichen Augen blickte er, wie man sich erzählt, in verschiedene Richtungen gleichzeitig, wobei in keinem dieser Blicke etwas Gutartiges lag.«

Wie man dem Hinkefuß einen Ehrgeiz antrug, den er schon nicht mehr hegte

»Nachdem er sich in dem Raum neben der ehemaligen Küche des verfallenen und geplünderten Palastes der Familie eingerichtet hatte, war Rodrigo de Vargas y Renedo überzeugt, dass man ihn begnadigt und nach Villacarriedo gebracht hatte, damit er die ihm verbleibenden Jahre in Ruhe und Frieden verbrächte. Und so ritt er auf dem Rücken jener Schindmähre mit dem rötlichen, struppigen Fell durch die weiten Gebiete, die ihm einst fast vollständig gehört hatten – wie ein Mann, der sich für immer von ihnen verabschieden wollte.«

»Der Ehrgeiz führt den Menschen bisweilen auf seltsame Pfade«, sagte der Ingenieur, als sich die Tür zum Stall plötzlich öffnete und ein halbes Dutzend Menschen in blendender Verfassung und mit wettergegerbten Gesichtern hereinkam. Sie stellten sich als alte Bekannte heraus und begrüßten die meisten der dort versammelten Flüchtlinge sofort herzlich und fragten sie, was da draußen vor sich gehe und ob es stimme, dass es sich um eine Razzia handelte, die sich gegen die Schmuggler richtete.

Einer der Gendarmen, der sie unweit von hier aufgegriffen hatte, hatte ihnen anvertraut, dass Dutzende von Patrouillen Cabuérniga und die Sierra de Bárcena durchkämmten. Den Schmugglern fiel es aber dennoch schwer zu glauben, dass solch ein Einsatz von Männern und Material allein dem Zweck diente, ihrer habhaft zu werden. Sie seien doch schließlich nur traurige Packesel, die den ganzen Tag Bündel mit Schmuggelware den Berg rauf-, den Berg runterschleppten – und all das nur, um sich mehr schlecht als recht zu verdingen.

Nun zu erfahren dass die anderen Anwesenden auch festgehalten wurden und man ihnen eine Erklärung ebenfalls schuldig geblieben war, tröstete die Schmuggler ein bisschen. Dann zu entdecken dass die Gefangenen über genügend Vorräte verfügten, um eine Belagerung zu überstehen, versöhnte sie fast schon mit der Situation. Und als man ihnen sagte, was man sich ausgedacht hatte, um die Zeit totzuschlagen, baten sie um Entschuldigung für die Unterbrechung und machten es sich, so gut es ging, gemütlich und forderten die anderen auf, das fortzusetzen, was sie gerade getan hatten.

»Dieser Ehrgeiz, der die Menschen auf seltsame Wege führt«, fuhr der Ingenieur ohne jeglichen Anflug von Ironie fort und übertönte mit seiner kräftigen Stimme Bardajío, der ins Mikrofon schrie und noch mehr Verhaftungen verlangte, »trieb jene alten Siedler, die sich bereichert hatten, dazu an, über den zu spotten, der von allen bald nur noch der ›Hinkefuß von Villacarriedo‹ genannt werden sollte. Sie verliehen ihm mit spöttischem Unterton Titel und Ehren und warfen sich vor ihm auf die Knie, wenn er an ihnen vorbeiritt. Doch sie erwiesen ihm dadurch keinen Respekt, sondern nutzten die Nähe zum Boden, um einen Stein aufzuklauben und gegen die Schenkel der Schindmähre zu schleudern, aus purer Lust mit anzusehen, wie das Tier danach zusammenfuhr und in die Luft ausschlug und der Hinkefuß sich mit aller Kraft an ihrem Hals und in ihrer Mähne festhalten musste, um nicht abgeworfen zu werden. So verfuhren sie mit ihm aber nur bei Tageslicht. Nachts, wenn sie ihn im Palast der Villacarriedo besuchten, war ihr Verhalten völlig anders. Sie waren überzeugt, dass der Hinkefuß die schmutzigsten Rachephantasien hegte und nicht lange fackeln würde, alles in seiner Macht Stehende zu tun, um das, was er in seinem tiefsten Inneren noch immer für seinen Besitz hielt, wiederzuerlangen. Sie fühlten sich in ihrer Überzeugung bestärkt, als sie erfuhren, dass viele der Gauner, die sich seinerzeit von dem Versprechen eines Flusses aus Gold hatten verlocken lassen und denen danach nichts anderes übriggeblieben war, als in die Welt zu ziehen, ihre Waffen nun wieder in den Dienst des enteigneten Herren stellten. Sie glaubten nämlich, der Hinkefuß würde sie bald in Anspruch nehmen, um die Güter, die man ihm derart einst so dreist geraubt hatte, wieder in Besitz zu nehmen.

So kam es, dass vom mächtigsten Lehnsherr bis zum untersten Schurken alle herbeieilten, um dem Hinkefuß ihre Gefolgschaft zu versichern. Die einen boten ihm Unterstützung und Bündnisse an, um sich mit ihm gutzustellen, die anderen versprachen ihm ihre Dienste. Und da jeder diese Abmachungen in der

Nacht traf, um die eigenen Pläne geheimzuhalten und die Nachbarn nicht vorzuwarnen, fiel, bis es schon zu spät war, niemandem auf, dass sie dem Hinkefuß einen Ehrgeiz antrugen, den er nicht mehr hegte. Und auch wenn weder er noch sie das wollten, hatten sie ihn wieder zum Besitzer über seine ganzen Ländereien gemacht.«

Eine törichte Raserei

»Ein paar Monate später, als ein General der Königlichen Garde nach Villacarriedo kam, um zu überprüfen, ob sich der ehemalige Häftling an die Bedingung der ausgesprochenen Begnadigung hielt, wunderte sich der General über die Erscheinung des einstigen Condes, der nun ein lahmer Greis geworden war und derart erbärmlich und verlottert aussah, dass man ihn leicht für einen Bettler halten konnte. Er empfing ihn in Gemächern, die seinem Zustand entsprachen, so groß waren das Elend und der Schmutz in seiner Unterkunft, die, bei Licht betrachtet, früher eine geräumige Küche gewesen war. In einer Ecke sah man ein Lager, das lediglich aus einem Haufen Stroh und einer darauf ausgebreiteten Militärdecke bestand. In einer anderen Ecke kaute ein Klepper über dem Loch, das sich dort auftat, wo früher die Öfen gestanden hatten, und das ihm nun als Futtertrog diente. Das Tier sah unbeschreiblich aus. Es konnte zum einen den Hafer, zum anderen den Neuankömmling im Blick behalten, denn seine Augen zeigten in verschiedene Richtungen.

Als der verlotterte und lahme Greis erfuhr, dass sein Besucher nur gekommen war, um sein Benehmen zu überprüfen, zeigte er sich tief enttäuscht. Der Mann, folgerte der General, hatte ihn wohl für einen Boten gehalten, der ihm einen äußerst wichtigen Brief überbringen sollte. Nun festzustellen, dass es keine derartige Sendung gab, musste in ihm großes Unbehagen ausgelöst haben. Wahrscheinlich dachte der General deswegen, es würde dem Mann helfen, wenn er ihm Folgendes mitteilte:

›Bedenken Sie, der Herrscher ist vor Kurzem auf seinem Altersruhesitz in Yuste gestorben, und vielleicht erweist sich sein Sohn und Thronerbe Ihnen gegenüber edelmütiger.‹

Offensichtlich glaubte der einfach gestrickte Soldat, dass der Greis auf eine Pension oder sonstige Pfründe hoffte, die er sich wohl vom Souverän erbeten hatte, um die schreckliche Armut, in der er lebte, zu überwinden. Doch er irrte gewaltig: Was dieser Greis mit seinem unbeschreiblichem Aussehen erwartete, war eine eigenhändig vom Souverän unterzeichnete Anerkennung des Unrechts, das ihm dieser eines Tages zugefügt hatte. Und zu dem Schuldbekenntnis erhoffte er sich, dass der Souverän ihn um Verzeihung für die in so vielen Jahren erlittenen Qualen bat.

Deswegen riefen die Worte des königlichen Repräsentanten nicht die beabsichtige Wirkung hervor. Offensichtlich war dem Greis die Nachricht, die den Hof in Aufruhr versetzt hatte, bisher unbekannt gewesen. Als er nun vom Tod des Königs erfuhr und ihm so klar wurde, dass es weder eine Anerkennung des Unrechts noch eine Bitte um Verzeihung geben würde, fuhr der allen als Hinkefuß von Villacarriedo bekannte Herr vor Zorn aus der Haut. Und zum Erstaunen des Generals wiederholte er dieselben Flüche und Gotteslästereien, die seinerzeit dazu geführt hatten, dass er den größten Teil seines Lebens in einem Verlies des Königs verbrachte.

Doch das genügte ihm nicht. Er ging hinaus auf die Straße und ließ zum zweiten und letzten Mal in seinem Leben seine Nachbarn sehen, wie er sich mit seinem stark schwankenden Gang zum Marktplatz begab.

›Hört gut zu, was euch Rodrigo de Vargas y Renedo sagt!‹, schrie er laut, als hätte er gar nicht bemerkt, dass der alle Menschen auf dem Markt (es war Markttag) in ein erwartungsvolles, eingeschüchtertes Schweigen verfallen waren, als sie sahen, wie er sich mit einem wutverzerrten Gesicht näherte. ›Da der König nicht einmal die Ehre, die uns Villacarriedo gebührt, wiederherstellen wollte, schwöre ich im Andenken aller Mitglieder meiner Familie, die aus Scham und Schmach in seinen Kerkern verreckten, dass ich innerhalb von sechs Monaten alle meine Besitzungen zurückerobert haben werde und ihr wieder demjenigen gehorchen werdet, der einst eurer Herr war.‹«

Blut und Feuer in den angrenzenden Tälern

In dem Maße, wie neue Verdächtige in den Gasthof geschleppt wurden – die Mehrheit von ihnen verließ ihn bald wieder, da sie sich als Nachbarn herausstellten, die man in der Umgebung des Dorfes festgenommen hatte –, folgten in dem großen Gewölbesaal Momente relativer Ruhe auf Momente großer Anspannung, denn nicht alle Nachbarn ließen es widerstandslos über sich ergehen, dass die Sicherheitskräfte sie auf ihrem Weg zur Arbeit nach Gutdünken in Gewahrsam nahmen. Einige von ihnen hatten sogar bei der obersten Provinzbehörde Einspruch eingelegt, um dem offensichtlichen Amtsmissbrauch Einhalt zu gebieten.

In einem Augenblick musste selbst die Erzählung unterbrochen werden: Als sich die Tür erneut öffnete, kam kein Geringerer als Teniente Bardajío herein, der viel zerzauster, bärtiger und missgelaunter war, als sie ihn bei ihrer Ankunft am Gasthof erlebt hatten. Dann ließ sich auch Sargento Giménez kurz blicken. Er sah aus wie jemand, dem man eine übermäßige Dosis Abführmittel verabreicht hatte und sein Bedürfnis nicht unter Kontrolle bringen konnte. Nachdem er die Mitglieder der unterschiedlichen Gruppen einen nach dem anderen überprüft hatte, drehte er sich zum Teniente und schüttelte mehrmals den Kopf. Ich kenne fast alle vom Sehen, schienen diese Gesten zu sagen, aber ich könnte nicht mit Sicherheit sagen, ob einer von ihnen dabei war, als man Argemiro und mich mit Flaschen beworfen hat.

Der Ingenieur wiederum beschloss, dem regen Treiben keine weitere Beachtung zu schenken. Offensichtlich nahmen die Dinge gerade ihren Lauf, ohne sie zu groß zu tangieren. Er gab also einen raschen Überblick über den allgemeinen Aufstand, der als Reaktion auf die vom Hinkefuß von Villacarriedo begangenen Exzesse mit etwas Verzögerung ausgebrochen war:

»Nachdem der Hinkefuß seine Drohungen öffentlich ausgestoßen hatte, setzte er sie ohne Umschweife um. Er war voller Wut und Enttäuschung, und da er wusste, dass er seinen Hass schon nicht mehr gegen den König richten konnte, fand er keinen besseren Weg, seiner Verbitterung Ausdruck zu verleihen, als sich mit seinen ehemaligen Leibeigenen anzulegen. Er bewaffnete die Gauner, die ihm ihre Dienste angeboten hatten, und machte sie zu einem blutrünstigen Stoßtrupp, an dessen Spitze er durch die Täler zog und Jagd auf seine Feinde machte. Denn seine ehemaligen Leibeigenen, die während kurzer Zeit zu seinen heimlichen Verbündeten geworden waren, wurden nun seine Feinde. Die Aufsässigsten unter ihnen, jene, die es wagten, die Güter, die sie nun rechtmäßig als die ihren betrachteten, erbittert zu verteidigen, wurden vor den Toren ihrer Anwesen erhängt. Diejenigen, die ihre Besitztümer, welche sie unter wenig noblen Umständen erhalten hatten, kampflos übergaben, wurden auf ein Pferd gesetzt und aufgefordert, für immer aus den angrenzenden Tälern zu verschwinden.

Doch als er seinem Ehrgeiz, von dem er selbst nicht gewusst hatte, dass er ihn noch hegte, einmal freien Lauf gelassen hatte, konnte sich der Hinkefuß nicht mehr im Zaum halten und sich darauf beschränken, seine ehemaligen Güter zurückzuerobern. Unter den zahlreichen und blutigen Ausschreitungen, die seine Männer und er gegen wehrlose Bürger begingen, unterlief ihnen ein verhängnisvoller Fehler: Sie überfielen mit flammendem Schwert eines der Gehöfte, die den verhassten, aber allmächtigen Balmasedas gehörten. Zwar war der Hinkefuß nicht persönlich an dem Angriff beteiligt, jedoch brachten seine Schergen, ohne dass es notgetan hätte, über alle, die sich in dem Gehöft befanden, darunter mehrere Frauen und Kinder, den Tod. Die Balmasedas waren so einflussreich, dass sie weder um Hilfe ersuchen noch eine Entschädigung fordern mussten. Als man am Hof von Valladolid von den Einzelheiten des heimtückischen Angriffs erfuhr und bekannt wurde, dass es sich dabei um keinen Einzelfall handelte, dauerte es nicht lange, bis Villacarriedo die Nachricht erreichte, dass sich ein Bataillon der Kavallerie sowie je ein Trupp Bogenschützen und Migueletes aus Valladolid rasend schnell näherten. Man erzählte sich auch, dass ein Richter der Heiligen Inquisition mit ihnen reiste, der die Vollmacht hatte, ein Urteil zu sprechen und den Hinkefuß, wo auch immer er ihn aufgreifen würde, umgehend hinrichten zu lassen.«

Der Hinkefuß fällt dunklen Mächten zum Opfer

»Anders als beim ersten Mal, wohl wissend, dass ihn nun kein düsteres Verlies erwartete, wollte der ehemalige Conde de Villacarriedo den Folgen seiner Taten nicht die Stirn bieten. Da er Kunde davon hatte, dass in der Bucht von San Vicente eine sizilianische Galeere auf die Flut wartete, um mit Ziel Syrakus in

See zu stechen, beschloss der Hinkefuß, sich davonzustehlen. Er traf keine weiteren Vorkehrungen, als sich die Taschen mit Goldmünzen vollzustopfen, um die unmittelbaren Ausgaben tätigen zu können, und wollte versuchen, über das Meer zu fliehen und in Sizilien besserer Zeiten zu harren.

Da er überzeugt war, es sei, wenn er San Vicente vor Anbruch der Flut erreichte, noch nicht zu spät, um mit dem Boot davonzukommen, versammelte er die wenigen Männer, die, als sie vom Nahen der königlichen Truppen erfuhren, nicht in die Berge geflüchtet waren, und ritt mit ihnen im Galopp davon. In seinem Eifer, so früh wie möglich anzukommen, ließ der Hinkefuß nach und nach seine Begleiter hinter sich zurück. Mann und Pferd stoben durch Cabezón, als sich das erste Tageslicht schon erahnen ließ, und erreichten die Bucht von San Vicente über Treceño und Caviedes, nur um feststellen zu müssen, dass jemand die Vertäuung der Fähre gelöst hatte und diese nun von der steigenden Flut Richtung Meer getrieben wurde. In der Ferne, direkt an der schmalen Hafeneinfahrt, konnte man die Silhouette der Galeere ausmachen, die aufgrund des niedrigen Wasserstands immer noch im Sand feststeckte.

›Ein bisschen weiter oben‹, sagte ihm ein Müller, dessen Mühle so nah am Ufer stand, dass man je nach Tide an einen in deren Mauer geschlagenen Eisenring ein Pferd anbinden oder ein Boot vertäuen konnte, ›ist die Trichterbucht etwas seichter, und wenn Sie so es eilig haben, könnten Sie versuchen, sie dort zu queren.‹

Der Hinkefuß ritt die Trichterbucht ein Stück entlang bis zu einer Stelle, die womöglich die war, auf die der Müller gezeigt hatte. Dann trieb er sein Pferd ins Wasser, ohne zuvor zu überprüfen, ob die Strömung nicht doch zu stark war, um ihr standzuhalten. Genau in diesem Moment ging die Ebbe zu Ende, und der unberechenbare Rückstrom setzte ein. Doch kurze Zeit später war der Hinkefuß schon an den Punkt gelangt, an dem es egal war, ob er vor- oder zurückritt, da beide Ufer gleich weit entfernt lagen. Er hörte seine Männer rufen, die ihn baten, er solle ein Lebenszeichen von sich geben, doch er wollte ihnen nicht antworten.

In der Ferne brach sich das Meer eintönig am Strand, eine Welle nach der anderen. Er hörte das Zischen der Strömung, die sich einen Weg zwischen dem Sattel und seinen Beinen bahnte, und streckte die Hand aus, bis er dieses Wasser, das immer noch süß war, aber bald zu Meer, also salzig würde, berühren konnte. Als er in die Trichterbucht geritten war, hatte er die Kälte des Wassers an den Beinen nicht gespürt. Nun genügte es, die Hand einzutauchen, und er nahm diese nicht mehr wahr. Genauso wie es ihm, als er seinen Arm bis zur Schulter eintauchte, vorkam, als hätte er auch keinen Arm mehr. Und auf diese Weise würde auch sein Gesicht der zischenden Strömung sehr nahe sein. Er musste bloß seinen Nacken ein wenig neigen, um – nach einem ersten Messerstreich, der sein Gesicht von Ohr zu Ohr vom Kopf abtrennte – ein unbekanntes Gefühl zu spüren: Er hatte weder Beine noch Arme noch ein Gesicht. Das kalte Wasser machte ihn, der sich ihm ohne Schmerzen hingab, zu Meer.

›Wenn du deine Hand, die immer noch in die Mähne deines Pferdes verkrallt ist, jetzt öffnest, werden meine Wasser dich in brüderlicher Umarmung umspülen, und ich werde dich an meinen Busen drücken wie einer, der einen sich vertrauensvoll hingebenden Freund empfängt‹, hörte er das Wasser in einem kaum wahrnehmbaren Rauschen zu ihm sprechen.

Er könnte nicht sagen, wie lange er sich der schaurigen Verführungskünsten des rauschenden Wasser aussetzte. Ein jähes Niesen des Kleppers – das womöglich ein Wink des Schicksals oder nur die unmittelbare Folge davon war, dass das Pferd bis zu den

Lefzen in der Trichterbucht stand – hatte die Kraft, den Bann zu brechen. Der Hinkefuß richtete sich triefend wieder im Sattel auf und trieb sein Pferd – nachdem er feststellte, dass der Wasserpegel bereits so sehr gestiegen war, dass man nicht mehr durch die Bucht zur Galeere reiten konnte – fluchend und prügelnd wieder zum Ufer, wo seine Männer auf ihn warteten.

Und auch wenn der eine oder andere von ihnen glaubte, in ihm weiterhin den bösartigen und perversen Anführer zu sehen, der er immer gewesen war, empfing ihn die Mehrheit mit Entsetzen, denn sie erkannten in ihm einen Mann, der dem Tod ins Auge gesehen hatte. Statt wie jeder andere vor einem übermächtigen Feind zu fliehen, hatte er es zugelassen, dass ihm dieser sein fürchterliches Lied ins Ohr säuselte. Er war verdammt.

Und weil er verdammt war, verließen sie ihn auf der Stelle. In der Ferne sah man die Silhouette der Galeere, die immer kleiner wurde, bis sie mit dem Horizont verschmolz.«

Der Hinkefuß von Villacarriedo küsst den Boden, den er so liebte

»In seiner Raserei glaubte der Hinkefuß von Villacarriedo noch, er könne seine Haut retten, indem er sich in der unwegsamen Sierra de Bárcena versteckte. Und er ritt den Weg, den er kurz zuvor genommen hatte, in entgegengesetzte Richtung durch das Valle de Cabuérniga wieder zurück, und als er an dessen Scheitel gelangt war, trieb er sein Pferd blindlings auf den Pfad, der hoch zum Tajahierro-Pass führte. Wahrscheinlich zogen vor seinen Augen Bilder des mit Wasser gefüllten Kanals vorbei, der geschmückten Barkassen, die auf die Ankunft des Königs warteten, aber ebenso wahrscheinlich legten sich auf diese fast freudigen Bilder andere, voll der Bitterkeit der Jahre, die er auf Anordnung des Königs in einem Kerker verbracht hatte. Ein

König, der weder über die angemessenen Worte noch die Größe verfügte, um zu erkennen, wann er einen Fehler begangen hatte und wie er diesen mit Anstand wiedergutmachen konnte. Der Hinkefuß war derart außer sich vor Zorn, dass er die Biegung nicht sah, die der Weg nahm, um einen unermesslichen Abgrund zu umgehen, der sich vor ihnen auftat und in dessen Tiefe jener Kanal verlief, den er einst bauen ließ, um die Wünsche des Königs zu erfüllen.

Im letzten Moment witterte der Klepper mit dem roten, struppigen Fell die Gefahr, die auf sie zukam, und stieß ein warnendes Wiehern aus, für das ihm jedoch mit einem Säbelstreich auf seine Kruppe gedankt wurde. Am Rand des Abgrunds schlug das Pferd dennoch seine Hufe in den Boden und versuchte, seitlings auszubrechen. Das führte aber dazu, dass das treue Tier seinen Herren abwarf, der aus dem Sattel schoss und dann einen Augenblick in der Schwebe verharrte, bevor er in die Tiefe stürzte. Dabei ruderte er weder verzweifelt mit den Armen in der Luft, noch stieß er einen Schrei aus. Als hätte er vom ersten Moment an eingesehen, dass es nichts brachte, sich gegen das Unvermeidliche zu stellen, gab sich der Hinkefuß dem Abgrund hin. Und erst am Ende seines Falls, als sich auf einmal die Himmelstore öffneten und die Sonne im Zenit auftauchte und ihre Strahlen auf den jetzt trockenen Kanal den Schatten eines abgeworfenen Reiters warfen, konnte dieser das schwarze Wesen sehen, das ihn unten schon erwartete. Auch wenn man es zuerst für einen Felsen oder Gestrüpp halten konnte, wuchs und wuchs dieses schwarze Wesen mit dem fortschreitenden Fall und der sich ankündigenden Begegnung, bis sich beide Umrisse Gesichtszug für Gesichtszug und Glied für Glied ineinanderfügten, denn auch der Stürzende hatte die Arme zu einer Umarmung ausgebreitet, die beide mit der Berührung ihrer Lippen und ihrer Körper besiegelten.

Von oben hätte man Rodrigo de Vargas y Renedo, den letzten Conde von Villacarriedo, gut für einen Mann halten können, der kopfvoran in das steinerne Bett eines ausgetrockneten Kanals gestürzt war, als er versuchte, das Wasser zu trinken, das dort eigentlich fließen müsste. Man hätte ihn aber auch für einen Mann halten können, der in seinem Kummer Hals über Kopf hinuntergesprungen war, um die Erde, die er so liebte, zu küssen, und zu der er jetzt endlich zurückkehrte, um sich mit ihr in einer leidenschaftlichen Umarmung zu vereinen.«

Eine Abschiedsfeier

»Leck mich am Arsch!«, rief einer der vermeintlichen Schmuggler aus, der die Aufgabe übernommen hatte, die anderen Gefangenen über die Geschehnisse in der Außenwelt zu unterrichten. Am frühen Morgen hatte er, als er, um sich Erleichterung zu verschaffen, in die Ecke des Stalls gegangen war, in der sich der Abfluss befand, ein winziges Fenster entdeckt – eigentlich eine Ritze, die sich im Mauerwerk auftat und durch die man auf den Platz vor dem Gasthof schauen und einen Teil von dem sehen konnte, was da draußen passierte.

So hatten sie mitbekommen, wie der Schneepflug aus El Tojo eintraf, gefolgt von einem Bus der Gendarmerie, der ein paar der Beamten abtransportieren sollte, die an den nächtlichen Patrouillen teilgenommen hatten und nun wie Schlafwandler in das Fahrzeug stiegen und dabei ernsthafte Schwierigkeiten hatten, geradeaus zu gehen. Sargento Giménez musste sogar von einem zotenreißenden und seligen Argemiro geschleppt werden. Der fand es sowohl hinreißend komisch als auch lehrreich, seinen Vorgesetzten mit Arschtritten in den Bus zu befördern.

Da sich Teniente Bardajío nun sicher war, dass sich in den Wäldern keine Flüchtlinge mehr versteckten, begann er mit den Verhören. Und da er genau wusste, wer das Ganze ausgeheckt hatte, war Tobías Renedo der Erste, den er zur Aussage rief. Der gab, ohne zu erröten, die Version der Ereignisse zum Besten, auf die sie sich geeinigt hatten, und ertrug stoisch den Schwall sarkastischer Bemerkungen und die Drohungen seines Vernehmers. Doch da man sie weder mit Waffen noch mit Angeln noch mit den verbotenen Früchten der Jagd oder der Fischerei aufgegriffen hatte, konnte Teniente Bardajío zwar alle Verdachtsmomente der Welt ins Feld führen, handfeste Beweise hatte er aber keine. Und genauso ging es ihm, als die Schmuggler ihre Aussage machten und versuchten, als friedliche Spaziergänger durchzugehen, die von einem unvorstellbaren Unwetter mitten im Juli überrascht worden seien.

Laut dem, was der Späher am Guckloch sagte, war Tobías Renedo gerade aus dem Gasthof herausgekommen und unterhielt sich mit einem jungen Mann, der auf einer Vespa saß. Er musste ihm wohl sehr genaue Anweisungen gegeben haben, denn als Tobías zu reden aufhörte, schoss der junge Mann Richtung Cabezón de la Sal davon.

»Allem Anschein nach«, sagte einer der Fischdiebe, »funktioniert das Telefon immer noch nicht, und Tobías hat einen seiner Neffen gerufen, um die einflussreichsten Personen der Provinz zusammen zu trommeln, damit sie kommen und sich für ihre Angehörigen einsetzen.«

Nach einer Weile – der Gang der Verhafteten zum Verhör setzte sich unterdessen fort – wurden diejenigen, die noch nicht befragt wurden, darüber informiert, dass nach und nach Autos eintrafen, deren Insassen kurze Zeit später mit ihren Familienangehörigen oder Freunden wieder fortfuhren. Alle Verhörten wurden auf einer Liste erfasst, die man früher oder später wieder zurate ziehen würde, denn niemand zweifelte daran, dass sie ebenfalls früher oder später wieder ihre verbotenen Steckenpferde ausüben würden. Nun wurden sie aber erst einmal ohne eine Anzeige in die Freiheit entlassen und verschwanden zusammen mit ihren Familienangehörigen und Freunden, die sie abholen gekommen waren.

Am eindrucksvollsten war an diesem regen Kommen und Gehen in den Worten des Spähers die Ankunft eines Militärfahrzeugs, das vermutlich das des Oberbefehlshabers war, denn es hatte einen Fahrer und Fähnchen und wurde von zwei motorisierten Soldaten eskortiert. Aus seinem Inneren stieg aber nicht, wie alle Welt erwartete, der Oberbefehlshaber aus, sondern eine Frau, womöglich die Ehefrau des Oberbefehlshabers, denn Teniente Bardajío erschien auf einmal gekämmt und mit geschlossenem Waffengurt und Gürtel. Was jedoch nicht verhinderte, dass der Teniente ein riesiges Donnerwetter über sich ergehen lassen musste. Als es vorbei war, rief er Brigada Pozuela herbei, der auf dem Vorplatz mit einem langen, schwachbrüstigen Jungen erschien, der von dem Späher als einer der Mitglieder der Wilderergruppe identifiziert wurde. Im letzten Augenblick, als der Fahrer schon gewendet hatte und losfahren wollte, streckte die Frau, die gekommen war, um ihren Sprössling abzuholen, ihren Kopf aus dem Seitenfenster und sagte etwas zu Teniente Bardajío. Etwas sehr Kurzes, das es aber in sich hatte und wahrscheinlich auch beleidigend war. Oder sogar eine Drohung. Als der Dienstwagen und die begleitende Eskorte schon auf der Höhe von Correpoco sein mussten, stand der Teniente Bardajío immer noch stocksteif, die Hände zu Fäusten geballt und zornesbleich auf dem Vorplatz. Zu diesem Zeitpunkt war ihm wohl bereits klar, in welch heikle Lage er sich gegenüber seinen Vorgesetzten gebracht hatte, denen er sein Vorgehen in der vergangenen schwierigen Nacht würde erklären müssen. Seine ganze Haltung unterschied sich lebhaft von der des Brigada Pozuela, auf dessen Gesicht sich der Anflug eines maliziösen, aber diskreten Lächelns legte, als er seinen Dienstherrn aus dem Augenwinkel beobachtete.

Niemand aber – vielleicht weil es der Moment war, in dem der Hinkefuß von Villacarriedo unerbittlich auf sein Ende zuging und selbst der Späher seinen Posten aufgegeben und seinen Platz unter den Zuhörern wieder eingenommen hatte – machte sie darauf aufmerksam, dass ein beeindruckender dunkler Wagen einer ausländische Marke auf dem Vorplatz hielt, an dem jedoch keine Abzeichen angebracht waren, die auf den Dienstgrad seiner Insassen hätten schließen lassen. Letztere stiegen unbemerkt aus dem Fahrzeug und betraten den Gasthof.

Die Tür zum Stall öffnete sich, und Teniente Bardajío erschien (ein frisch gekämmter, korrekt gekleideter und besiegter Teniente Bardajío, auch wenn etwas in seinem Gesicht trotzig zu sagen schien: »Besiegt – kommt drauf an, für wen, und wenn ihr mir hier frech werdet, dann werdet ihr schon sehen, was euch blüht!«). Mit dem, was dann folgte, hatte aber niemand von ihnen gerechnet. Der Teniente machte umgehend einen Schritt zur Seite, um Platz zu machen. Unter wallenden Purpurgewändern und funkelnden Pektoralien und Ringen trat der Bischof von Santander, Monseñor Diego Santullán y Garape, auf die Schwelle.

»Aber Gabino«, sagte der Bischof mit einem halb väterlichen, halb scherzenden Ton, als er seinen Patensohn entdeckte, der auf dem Boden saß, die Ellbogen auf eine Kiste Räucherheringe gestützt und ins Leere stierend, selig wie ein Aeronaut, der sich aus dem Korb seines Heißluftballons lehnt. Es stimmt, dass es nicht ganz einfach war, ihn wieder zu Sinnen zu rufen. Doch schließlich begriff Gabino zumindest, wo er war und dass man gerade mit ihm sprach. Dann aber bat er seinen Patenonkel, den Bischof, Teniente Bardajío zu überreden, auch die im Stall Festgehaltenen nach der Aufnahme ihrer Personalien wieder freizulassen.

Wenig später schon verabschiedeten sich alle voneinander, wobei jedem Adiós ein sorgfältiger Austausch von Adressen und Telefonnummern vorausging sowie das Versprechen, die gemeinsam erlebten Abenteuer nicht zu vergessen. Selbst als Teniente Bardajío und Brigada Pozuela ihr behelfsmäßiges Hauptquartier zusammen mit den letzten Gendarmen geräumt hatten, streifte immer noch ein gutes Dutzend Nachzügler über den Vorplatz. Die einen, weil sie keine Eile hatten, nach Hause zu kommen, die anderen, weil sie als Ortsfremde hier weder ein Zuhause hatten noch in Eile waren. Obwohl es auch möglich war, dass sie sich deshalb dagegen sträubten, die Gruppe, die auf natürliche Weise in der Nacht zusammengefunden hatte, endgültig aufzulösen, weil sie den Verdacht hegten, dass die Nacht vielleicht doch noch nicht zu Ende war und noch einige Gefühle und Überraschungen bereithielt. Und diese wollten sie sich logischerweise nicht entgehen lassen.

»Sollte dies tatsächlich der Fall sein, würde ich sagen, müssen wir das gebührend feiern und darauf mit einem der vollmundigen Weine, die Arciegas in seinem Keller lagert, anstoßen«, sagte der Sachverständige mit dem schütteren Haar.

Und als hätte er mit der Nennung dieses Namens einen Zauber ausgesprochen, hielt plötzlich der Lieferwagen des Bäckers von Sopeña auf dem Vorplatz, und ein aufgebrachter Arciegas stieg aus. Ohne jemanden anzusehen oder zu grüßen, rannte er in den Gasthof, die Hände hielt er schon über den Kopf geschlagen.

»Darf man erfahren, was Sie heute Nacht hier veranstaltet haben?«, rief er, bereits bevor er die Schwelle überschritten hatte. Eine barmherzige Seele – etwa der Bäcker von Sopeña, der ihn mit dem Brot, das für seine Kunden in Bárcena bestimmt war, hierhergebracht hatte – musste ihn gewarnt haben, was er in seinem Lokal vorfinden würde. Dennoch ging er, nachdem er eingetreten und sein Blick einmal durch den großen Gewölbesaal gewandert war, wie in einen Albtraum zuerst in die Küche und die Vorratskammer, dann in den Hinterhof und hinunter in den Weinkeller. Und das, was er bei seiner Inspektion zu sehen bekam, musste seine größten Befürchtungen weit übertroffen haben, denn er nahm nicht nur die Hände nicht mehr von seinem Kopf, sondern wiederholte die ganze Zeit bestürzt und ungläubig: »Sind hier heute Nacht denn alle durchgedreht?«

Seine Fassungslosigkeit erreichte ihren Höhepunkt, als er bemerkte, dass man sogar die Zigarren aus seinem Büro geraucht hatte. »Ich hatte sie schon weggetan«, murmelte er schon völlig außer sich, »da man sie nicht mehr verkaufen konnte, weil sie trocken und hart wie Weinreben waren.«

Dem Wirt Arciegas blieb aber nicht einmal Zeit, sich umzudrehen und denen, die er eingeladen hatte, bei ihm zu übernachten – stillschweigend vorausgesetzt, sie würden sich wie Ehrenmänner benehmen –, nun die Vorwürfe zu machen, die ein so beschämendes Verhalten verdiente. Denn während er noch hin und her ging und Seufzer und Klagen ausstieß, hatte sich Tobías Renedo flüsternd mit den Verbliebenen verständigt und näherte sich Arciegas von hinten, veranlasste ihn dadurch, in das kleine Zimmer, das ihm als Büro diente, zu treten, und zog hinter sich die Tür zu. Er führte das Ganze mit einer solchen Entschlossenheit aus wie einer, der bereit ist, eine heikle Angelegenheit rasch und diskret zu lösen.

Koste es, was es wolle. Unter Freunden. Wie ein Ehrenmann.

Santiago Malpás hatte den durch die Ankunft Arciegas' ausgelöste Aufruhr genutzt, um zu seinem Motorrad zu gehen und etwas zu holen, und sich dann im Bad im oberen Stockwerk eingeschlossen. Nun kam er geduscht, umgezogen und frisch rasiert wieder und stellte fest, dass der Gang der Ereignisse wieder seinen normalen Rhythmus angenommen hatte. Sogar der große Gewölbesaal sah nun endlich wieder so aus wie immer. Während Arciegas und Tobías Renedo hinter verschlossenen Türen im Büro verhandelten, hatten die Verbleibenden, die weiter auf neue Gefühle und Überraschungen warteten, die auf den Saal verteilten Möbel wieder an ihren Platz gerückt und den Großteil des in der Nacht benutzten Geschirrs abgeräumt. Und jetzt standen sie unter dem riesigen Rauchfang um den harten Kern herum, also um Chema Salinas und Gabino, die den Ton angaben, auch wenn ihnen darin der Bischof überraschenderweise in nichts nachstand.

Der Sachverständige mit dem schütteren Haar gab den eifrigen Gastgeber und achtete darauf, dass es den Gästen nicht an Wein fehlte. Aus ihrem Kreis drangen unter wallenden Purpurgewändern und funkelnden Pektoralien und Ringen Lachsalven zu Santiago Malpás, die er schon im Badezimmer gehört und die seine Neugier geweckt hatten.

Als er nun aber sah, wie Tobiás Renedo und Arciegas vollkommen zufrieden aus dem kleinen Büro traten und sich der Gruppe anschlossen, fühlte sich Santiago Malpás außerstande, selbst zu ihnen zu stoßen und Arciegas zu lauschen, der sich anschickte, seine nächtlichen Abenteuer in Begleitung des Sattlers von Bárcena zu erzählen. Arciegas hatte sich tatsächlich schon dazu drängen lassen, auf die Fragen, die man ihm stellte, schüchtern und unbeholfen zu antworten.

»Ein Junge«, sagte er und steckte ein Papier in die Innentasche seines Jacketts, das gut ein Scheck hätte sein können. »Ich bin Vater eines Jungen geworden, der bei der Geburt dreieinhalb Kilo wog und dem es ausgezeichnet geht, genau wie seiner Mutter.« »Und ja«, fuhr er fort, weil man ihn danach fragte, »während meine Frau mit dem Hubschrauber zum Krankenhaus geflogen wurde, gingen der Sattler und ich zu Fuß bis nach Sopeña und baten meinen Schwager, bei ihm übernachten zu dürfen. Der von der Eisenwarenhandlung, der mich heute morgen ins Krankenhaus begleitet hat, um meine Frau und meinen Sohn zu sehen.«

Statt die Geschichte weiterzuverfolgen, warf sich Santiago lieber die Lederbeutel über die Schultern, die ihm bisweilen als Satteltaschen dienten, und ging nach draußen, um das Motorrad bis ins kleinste Detail zu untersuchen. Möglicherweise waren die Reifen oder einer der Teile der Aufhängung in Mitleidenschaft gezogen worden, aufgrund des langen Schlingerns, in das sie nach der Abfahrt von Tajahierro geraten waren und das sie gegen einen Erdwall geschleudert hatte.

Die Inspektion brachte keinen Schaden zutage. Als er den Motor anwarf, um ihn aufzuwärmen, und dieser mit seinem Brummen die Stimmen und das Lachen, die durch die offenen Fenster nach draußen drangen, übertönte, fiel ihm aber ein seltsames Geräusch auf, ein dumpfes Klingeln in den Zylindern.

»Also ich würde sagen, es gibt ein Problem mit den Ventilen«, hörte er plötzlich eine Stimme hinter ihm sagen. Es war der Ingenieur, der wohl mehr an einem technischen Problem als an Arciegas' Bericht interessiert war.

Indem er den Motor kurz aufdrehte, entlockte Santiago Malpás dem Motor eine ganze Palette mechanischer Geräusche. Und pflichtete dem Ingenieur dann bei, dass es wohl leider an den Ventilen lag.

»Wenn Sie Spezialwerkzeug dabeihaben, könnten wir versuchen, sie einzustellen«, sagte der Ingenieur, der sich schon zu dem Motorrad hinuntergebeugt hatte, um das vertrackte Geräusch besser zu hören. »Bei dieser Art von Motoren ist das Einstellen relativ einfach, aber wenn ich Sie wäre, dann würde ich mich in aller Ruhe auf den Weg machen und einfach darauf achten, einen Gang herunterzuschalten und den Motor nicht überzustrapazieren, bis ich zu einer Werkstatt käme.«

Und sie wägten immer noch die Vor- und Nachteile der einen oder anderen Option ab, als auf einmal durch das Fenster Gelächter und so laute Schreie zu ihnen drangen, dass sie sich aufrichteten, um nachzusehen, was da los war. Doch hatten bloß Gabino und Chema Salinas, zweifellos Arciegas' fehlendem Talent fürs Erzählen überdrüssig (abgesehen davon, dass sein Abenteuer in Begleitung des Sattlers ebenso vorhersehbar wie harmlos gewesen war), begonnen, dem Bischof eine durchtriebene und ausschweifende Version der Ereignisse der vergangenen Nacht zu erzählen. Und indem sie das, was an diesem Abenteuer seltsam und unvorhersehbar war, boshaft zuspitzten, klangen allmählich die unbedeutendsten und zufälligsten der nächtlichen Widrigkeiten, als ob sie einer dunklen Logik gehorchten, wie die Nacht, die sie hervorgebracht hatte. Inzwischen ging hinter den Bergen die Sonne auf.

»Merken Sie was?«, fragte der Ingenieur und deutete mit einem Kopfnicken in Richtung des Saals, während er mit seiner Hand im Inneren seines Ponchos kramte, um sich dann eine Zigarette zu drehen. »In den kommenden Jahren werden Sie, wenn Sie sich in dem Gasthof um das Feuer versammeln, diese Geschichte auf Ihre Weise immer wieder neu zusammensetzen und bis in ihre letzten Einzelheiten ausfeilen. Wenn das Kind, das in der vergangenen Nacht zur Welt kam, in dem Alter ist, in dem man Fragen stellt, und Sie danach fragt, werden Sie ihm, ohne dass sie nachdenken müssen, davon erzählen, dass in der Nacht, in der es geboren wurde, entsetzlich viel Schnee fiel, obwohl es mitten im Juli und sehr heiß war.«

»Wenn ich Sie also recht verstehe«, antwortete Santiago Malpás, »dann wollen Sie andeuten, dass diejenigen, von denen Sie in der vergangenen Nacht im Namen der Wahrheit ausgehorcht wurden, sich nun selbst an einer kollektiven Erfindung beteiligen, die in einiger Zeit die offizielle Chronik ersetzen wird.«

»Ganz genau«, sagte der Ingenieur und legte die Rauchutensilien auf den Sitz der BMW. »Ich hatte einen guten Freund, Don Remigio de Caviedes, der ein großer Historiker war. Er versicherte mir gegenüber oft, dass das, was ihn an einer guten Erzählung faszinierte (und dabei war ihm egal, ob sie erfunden war oder den Anspruch erhob, wahr zu sein), ihre Fähigkeit war, eine Zeit zu erschaffen, die, wenn man so will, trügerisch ist, es dem Zuhörer aber erlaubt, andere Leben nachzuempfinden und an Situationen teilzuhaben, die man aus dem eigenen Alltag nicht kennt, sowie Gefühle zu verspüren, die einem völlig fremd sind. Und die einem, wenn es diese Erzählungen nicht gäbe, auch weiter verborgen blieben. Denn es ist unmöglich, im Verlauf eines einzelnen Lebens alle Register, über die die menschliche Seele verfügt, kennenzulernen und alle Gefühle, die in ihr wie auf Vorrat schlummern und darauf warten, geweckt zu werden.«

»Wenn dem so ist und ich einmal Ihrer Argumentation folgen darf«, merkte Santiago Malpás an, nachdem er die eben angezündete dicke Zigarette dankend entgegengenommen hatte, »würde ja jede Erzählung die natürliche Ordnung der Dinge außer Kraft setzen, da sie die Zeit anhält. Und wenn es ihr dann noch gelingt, in dieser angehaltenen oder negierten Zeit ein

Leben in anderen Leben zu vermehren, schlüge man ja dem Schicksal ein Schnippchen, denn der Zuhörer käme in die Gnade, mehr Leben zu leben, als für ihn bei der Geburt vorgesehen war.«

»Wenn ich Ihnen gegenüber aufrichtig sein darf«, erwiderte der Ingenieur und nahm ebenfalls dankend die Zigarette entgegen, die ihm zurückgereicht wurde, »im Allgemeinen misstraue ich den Worten und vor allem den hochtrabenden Worten, denn diese wurden so oft manipuliert. Deswegen verstehe ich nicht so recht, was Sie meinen, wenn Sie sagen, ›die natürliche Ordnung der Dinge außer Kraft setzen‹ oder ›dem Schicksal ein Schnippchen schlagen‹. Ich habe nur meinen Freund Don Remigo de Caviedes zitiert und eine Eigenschaft hervorgehoben, die man Erzählungen zuschreiben kann, nämlich die, einen Aufschub zu erwirken. So wie etwa die alten Geschichtenerzähler ihr Handwerk verstanden, die in der Nacht vor einer Hinrichtung die zum Tode Verurteilten verzauberten und sie sich selbst vergessen ließen. So oder so«, fuhr der Ingenieur fort und schlug dabei einen anderen Ton an, als wolle er einen unangenehmen Gedanken verscheuchen, »werden Sie mir doch beipflichten, wenn ich behaupte: Sich zusammenzusetzen, um eine gute Erzählung zu hören, ist eine sehr gemütliche und unterhaltsame Form, den Einbruch des Unvermeidlichen, solange es geht, hinauszuzögern.«

»Ganz bestimmt«, setzte Santiago Malpás an, dem ebenfalls beunruhigende und deshalb unangenehme Gedanken gekommen waren. Wieder bot ihm der Ingenieur die nun fast aufgerauchte Zigarette an. Und während er versuchte, ein paar kurze Züge zu nehmen, ohne sich dabei Finger und Lippen zu verbrennen, nutzte sein Gegenüber die Gelegenheit, um seiner vorhersehbaren Frage zuvorkommen:

»Ich bitte Sie, bemühen Sie sich erst gar nicht, mich danach zu fragen, denn meine Antwort wird Sie sicher genauso wenig zufriedenstellen wie Ihren Freund Chema Salinas vor einer Weile, als er von mir die genaue Bedeutung meiner Worte vom gestrigen Abend erfahren wollte.«

Santiago Malpás verkniff sich also die Frage, die er ihm in der Tat hatte stellen wollen. Und schwieg. Doch seine Miene verfinsterte sich so sehr, dass der Ingenieur sich genötigt fühlte, hinzuzufügen:

»Als Sie gestern Abend kamen, deutete ich die Möglichkeit an, dass Sie vielleicht nicht vor dem Unwetter geflohen waren, sondern dass dieses Sie mit einer bestimmten Absicht zu uns geführt hatte. Aber ich wollte damit nur erreichen, dass Sie sich unter uns wohl fühlten und nicht den Eindruck bekämen, Sie seien ungebetene Gäste, die mit ihrer Anwesenheit die Unterhaltung der Stammgäste störten.«

An diesem Punkt zog der Ingenieur zweifelnd seine Augenbraue hoch.

»Eigentlich«, sagte er schließlich mit einer Bestimmtheit, die im Einklang stand mit der, die er darauf verwendete, den Zigarettenstummel auszumachen, den er auf den Boden geworfen hatte, und auf den er nun mit dem Stiefel trat und seinen Absatz hin und her drehte, als wollte er den Stummel vergraben und alle bösen Vorahnungen, die ihn plagten, gleich mit, »war ich der Erste, der davon überrascht war, dass alle meine Worte für so etwas wie eine Beschwörung hielten, um dunkle Mächte anzurufen. Und ich verfüge auch nicht über besondere Informationen, die es mir erlauben würden, dem Schicksal meine Stimme zu leihen – auch wenn Ihr Freund das Gegenteil glaubt.«

»Chema?«, fragte Santiago Malpás und fuhr aus seinem Grübeln mit einem krampfartigen Zucken auf. »Chema Salinas glaubt, dass Sie ein Vorbote des Schicksals sind?«

Am Ende des Weges

Santiago Malpás saß auf dem Trittbrett des Reo-Truck, der quer zur Fahrbahn stand. Das Öl, das aus dem geborstenen Motorgehäuse von Chema Salinas' Norton sickerte, breitete sich auf dem Asphalt aus und reichte ihm schon fast bis an die Stiefelspitzen. Er war verstört und unfähig, den Lastwagenfahrer, der neben ihm, den Rücken gegen das Vorderrad des riesigen Fahrzeugs gelehnt, auf dem Boden kauerte, zu beruhigen.

Konfrontiert mit der Brutalität, die jedes von der Realität auferlegte Ereignis birgt – zum einen, weil ein einmal eingetretenes Ereignis unwiderruflich ist, aber vor allem nicht nur nicht wiedergutzumachen, sondern ebenso willkürlich ist –, suchte Santiago Malpás nach tröstenden Erklärungen. Doch er stieß nur auf Fragen, die ihm, vielleicht weil sie so wirr waren, nicht den geringsten Trost spendeten.

Gestern Abend, als sie starr vor Kälte und immer noch erschrocken über die rasende Wut, mit der sie von den Elementen gehetzt worden waren, im Gasthof ankamen, war ihm der heftige Schauder nicht entgangen, der Chema Salinas überkam, als er den Kommentar eines Mannes vernahm, der sich später als der Ingenieur herausstellte. Als die anderen sich bereits bemühten, ihren Teil zu den Vorbereitungen beizutragen, um die sich ankündigende lange Nacht auf angenehme Weise zu verbringen, haderte Chema Salinas immer noch mit dem schlechten Vorzeichen, das er in der ersten und bedrohlichen Bemerkung des Ingenieurs ausgemacht zu haben glaubte. Santiago Malpás hingegen war nach einem anfänglichen Schock dazu übergegangen, aus seinen Gedanken jegliche Spur von Feindseligkeit oder Bedrohung, ob nun durch Menschen oder dunkle Mächte, zu verscheuchen. Er erkannte, dass sie in eine gemütliche und gastfreundliche Runde geraten waren. In seiner Hand hielt er ein Glas guten Rotweins, und neben seinem Ellbogen häuften sich die staubigen Flaschen an, die einer der Schäfer aus dem Keller geholt hatte. Und er sah mit wachsendem Entzücken, wie aus den unerwartetsten Ecken Speisen herbeigezaubert wurden, die man sofort auf die Glut legte und die vielversprechende Gerüche verströmten. Kurzum, er schenkte der bösen Vorahnung, die seinen jungen Freund bedrückte, keine Beachtung:

»Los, gib mir dein Glas. Das ist ja schon eine ganze Weile leer. Lass uns auf das Glück anstoßen, das wir gehabt haben, an einem so gastfreundlichen und gemütlichen Ort wie diesem hier zu landen«, sagte Santiago Malpás, als er seinem unverbrüchlichen Gefährten auf die Schulter klopfte, als wolle er damit dessen krankhafte Vorahnung vertreiben.

Auf dem Trittbrett jenes Lasters nun, der nach Schmierfett und Diesel stank, war er sich jedoch überhaupt nicht mehr sicher. Chema Salinas' Verhalten, nachdem sie den Gasthof am späten Vormittag verlassen hatten, ging ihm nicht mehr aus dem Kopf: seine Eile und sein Bestreben, die Strecke, die sie gestern, vom Sturm verfolgt, zurückgelegt hatten, noch einmal abzuspulen, und sein Eifer, wieder zur Abzweigung in Fuenmayor zu gelangen, um dort die Route, die sie beim Frühstück im Hotel in Elizondo festgelegt hatten, wiederaufzunehmen, und genau an derselben Stelle und zum selben Zeitpunkt wieder zu starten, an der sie sich gestern von der vereinbarten Route entfernt hatten, letzten Endes doch auch nur zufällig und bar jeglicher Logik, wie es ihre Gewohnheit war. Deswegen gab es eigentlich nicht den geringsten Grund, ihre ursprüngliche Route derart auf den Millimeter genau zu rekonstruieren. Durch die Brille eines solchen Verhaltens gesehen, sprach alles für die Theorie des Lastwagenfahrers, der sich den

Unfall damit erklärte, dass er dem Schicksal eine höhere Entscheidungsgewalt zusprach. Und dem man seinen eigenen Willen nicht aufzwingen könne.

Aber wie konnte man so etwas hinnehmen! Als Reaktion auf eine mehr leidenschaftliche denn rationale Regung, die dem Innersten seiner Seele entsprang wie ein unmittelbarer Reflex, stritt Santiago Malpás die Möglichkeit, dass eine solche immaterielle und unsichtbare, ihre eigenen Absichten verfolgende Entscheidungsinstanz existierte, rundweg ab. Nachdem dieser leidenschaftliche Impuls aber erst einmal verpufft war, kam Santiago Malpás zu der Einsicht: Wenn er dem Schicksal eine höhere Entscheidungsgewalt absprach, dann führte das dazu, dass dieselbe Aufgabe dem Willen des Einzelnen zufallen müsste. Doch auch gegen diese Vorstellung rührte sich umittelbar und reflexartig sein Widerstand. Denn Chema Salinas war, um nur ein Beispiel zu nennen, ein junger Mann, der vor Lebenskraft und Zukunftsplänen nur so strotzte und mit einer solchen Begeisterungsfähigkeit ausgestattet war, die der Apathie entgegenwirkte, die Santiago Malpás in letzter Zeit erfasst hatte und die dieser für die unmittelbare Folge der Skepsis hielt, zu der ihn seine immer größere Kenntnis der Menschen und der Welt geführt hatte. Eine Sache, die Chema Salinas wiederum zurückwies: »Skepsis, bei mir Fehlanzeige, mein Guter (sagte er, wenn sie auf das Thema zu sprechen kamen): Das, was du hast, heißt Angst vor dem Tod, und es ist eine ganz normale Reaktion von jemandem, der die fünfzig überschritten hat und dem ein Blick auf den Kalender sagt, dass er objektiv schon näher am Ende als am Anfang seiner Zeit steht. Also mach dich nicht zum Deppen, sondern ziehe den größten Spaß aus den letzten Tagen, die dir bleiben, denn hinterher wirst du Zeit genug haben, skeptisch und aus der Ferne auf jene zu blicken, die mitten im Leben stehen.«

Chema Salinas stand also nicht nur tatsächlich mitten im Leben (und genoss es in vollen Zügen), sondern er baute – den Plänen, die er für die kommenden Jahre schmiedete, nach zu schließen – sich eine spannungs- und konfliktreiche Zukunft auf. Anders gesagt: Einerseits widersprach die Lust am Leben der Annahme, dass seine Eile, dieselbe Kurve wieder zur selben Uhrzeit wie gestern zu schneiden, ein kalter und bei klarem Verstand gefasster Plan sei, um die Begegnung herbeizuführen, zu der es gestern aus Gründen, die jenseits ihres Willens lagen, nicht gekommen war. Doch gleichzeitig fiel es Santiago Malpás schwer, den Eindruck zu vergessen, den die vermeintliche Vorahnung auslöste, die Chema Salinas in den Worten des Ingenieurs ausgemacht hatte. Genauso wie er auch die Worte nicht vergessen konnte, die dieser rätselhafte Mensch zu ihm gesagt hatte, nachdem sie es aufgegeben hatten, das Problem mit den Ventilen zu lösen, und auf dem Platz vor dem Gasthof wie Freunde gemeinsam eine Zigarette rauchten: »Sie werden mir doch beipflichten, wenn ich behaupte«, hatte der Ingenieur gesagt, »sich zusammenzusetzen, um eine gute Erzählung zu hören, ist eine sehr gemütliche und unterhaltsame Form, den Einbruch des Unvermeidlichen, solange es geht, hinauszuzögern.«

An diesen Punkt drehte sich alles wieder im Kreis und zwang ihn, seine Argumentation von vorn zu beginnen. Und daher fühlte sich Santiago Malpás nicht nur niedergeschlagen und untröstlich, sondern auch verwirrt, und er wusste nicht recht, was er denken sollte. Und noch viel weniger, wie er dem Lastwagenfahrer den Trost spenden könnte, den dieser anscheinend erwartete. Ohne die Mütze, die er noch getragen hatte, als er aus dem Laster stieg, sah er ihn nun an, und Santiago Malpás bemerkte sein lichtes Haar, das jedoch, mein Gott, unverkennbar einen Rotstich hatte.

Der Blick zurück

Als sie den Gasthof verließen, mussten sie zunächst sehr langsam hinter dem Schneepflug von El Tojo herfahren, der den Tajahierro-Pass freiräumte. So konnten sich Santiago Malpás und Chema Salinas von Motorrad zu Motorrad unterhalten und gleichzeitig den Anblick der Landschaft genießen. Ihre Brillen und Handschuhe steckten in den Helmen, und diese hatten sie sich unter die Arme geklemmt und spürten deshalb auf ihren Gesichtern die warmen Strahlen der Mittagssonne, aber auch die kalten Windstöße, die ihnen bisweilen aus den immer noch von Eis bedeckten Wäldchen und Felsen entgegenbliesen. Ab und zu, wenn die Maschine in schattigen Gebieten mehrere Anläufe brauchte, um den angehäuften Schnee wegzuräumen, stellten sie die Motorräder an den Straßengraben. Von dort aus versuchten sie, die Orte, an denen sich in der vergangenen Nacht Szenen der Angst und der Verfolgung abgespielt hatten, wiederzuentdecken. Oder sie machten sich einen Spaß daraus, sich vorzustellen, durch welche der Täler der Hinkefuß von Villacarriedo damals wohl wie ein unbändiger Wilder geritten war. Und Chema Salinas sagte, dass er es bedauerte, dass er am Ende nicht die Gelegenheit hatte nachzuprüfen, ob der Kanal, von dem sie die ganze Nacht lang gesprochen hatten, immer noch von einem der abschüssigen Abhänge, die vom Straßenrand aus ins Nichts führten, zu sehen war.

Und nicht nur das: Während sie sich von den letzten hartnäckig im Gasthof Verbliebenen verabschiedeten, sagte Chema zu dem Ingenieur, dass sie ihn auf ihrer nächste Reise nach Cabuérniga und in die Sierra de Bárcena mitnehmen müssten, damit er ihnen einige der Orte zeige, an denen sich, seiner Einschätzung nach, die wichtigsten Episoden des Lebens des

Hinkefußes abgespielt hatten. Und als wäre es damit nicht genug, hatte Chema Salinas bei einem weiteren Halt des Schneepflugs gesagt, nachdem sein Blick lange Zeit über die wilde Verschränkung der Berge gewandert war:

»Wir könnten bald wieder hierher zurückkommen und überprüfen, ob es stimmt, dass die Geburt des roten Fohlens die Natur auf den Kopf gestellt hat und sich nun Dinge ereignen wie die, von denen man uns erzählt hat.«

Von diesem Verhalten, dachte Santiago Malpás nun im Nachhinein, konnte man in keinster Weise ableiten, dass Chema Salinas sich von all dem verabschieden wollte. Eher das Gegenteil.

Als sie jedoch die Höhe von Palombera erreichten und der Schneepflug aus El Tojo auf den, der ihm aus Reinosa entgegenkam, traf, nutzten Santiago Malpás und Chemas Salinas den Stopp, um sich den Helm aufzusetzen und die Handschuhe anzuziehen. Und kurz bevor sie wieder in normaler Geschwindigkeit die Abfahrt antraten, einigten sie sich darauf, nach Fuenmayor zurückzufahren, um die Route wiederaufzunehmen, die der Sturm sie derart unsanft zu verlassen gezwungen hatte.

»Eigentlich müsstest du mich vorausfahren lassen, weil meine Ventile verrücktspielen und ich den Motor wirklich nicht belasten darf«, sagte Santiago Malpás zu Chema Salinas, während sich beide die Halstücher im Nacken verknoteten, die sie vor dem kalten Fahrtwind schützen sollten.

Trotzdem wollte Chema Salinas die Reihenfolge nicht ändern und hielt sich auch nicht an die Abmachung, nicht so sehr zu rasen. Obwohl ihnen immer noch Eisplatten entgegenschossen, drückte er derart auf die Tube, dass Santiago Malpás auch ohne mechanische Probleme nur schwer hätte mithalten können. Trotzdem kam ihm an Chema Salinas immer noch nichts merkwürdig vor. Mein Gott, er raste halt für sein Leben gern. Und so kam es nicht von ungefähr, dass ihm seine Freunde auf den Spitznamen *Lucky* getauft hatten.

Als sie schließlich wieder auf die Nationalstraße 232 gelangt waren, verlor ihn Santiago Malpás nach den ersten Kurven hinter dem Ebro-Stausee aus den Augen. Er sah ihn erst wieder an der Tankstelle in Pancorbo, an der sie am Vortag angehalten hatten. Und er traf Chema Salinas dort auch nur, weil er sich nach dem Auftanken eine Zigarette angesteckt hatte, um auf ihn zu warten.

Santiago Malpás fragte ihn, warum er mit einer solchen Genauigkeit die gestrige Route nachfahren wollte. Denn die Nationalstraße 1 ginge hier vorbei, und auf ihr würden sie nach Burgos kommen und müssten nicht erst nach Logroño fahren und dann wieder zurück. Doch Chema Salinas zuckte nur mit den Schultern.

Also tat Santiago Malpás dasselbe. Denn wenn man auf dem Motorrad unterwegs ist, erfreut man sich zweier Dinge: dem Reisen an sich und dem Motorradfahren. Am Ende ist es egal, auf welcher Straße man sich befindet. Vor allem wenn man in Burgos sowieso nichts verpasst und es keinen Unterschied macht, ob man dort um fünf oder um acht ankommt. »Auf direktem Wege« und »einen Umweg machen« waren Vorstellungen, die für einen Trucker oder die Fahrer eines schnellen Pkw sinnvoll waren. Er hingegen hatte nicht das leiseste Verständnis für sie.

»Ich warte in Fuenmayor auf dich, um mit dir nach Burgos zu fahren«, sagte Chemas, der schon auf der Norton saß und sich wieder den Helm aufsetze, bereit zum Aufbruch.

Diese Verabschiedung in Pancorbo, die weder einen Streit noch irgendeine Unstimmigkeit zwischen ihnen anzeigte, die zugegebenermaßen aber auch nicht besonders höflich oder herzlich ausfiel, war das letzte Mal, dass sie einander begegneten. Als er auf Fuenmayor zufuhr, sah Santiago Malpás kurz vor der Abzweigung nach Burgos mehrere auf der Fahrbahn stehende Autos. Und über den Autos ragte ein riesiger Sattelzug hinaus, der quer zur Fahrbahn stand und dessen Fahrerkabine fast um neunzig Grad zur Ladefläche gebogen war: ein Reo-Truck mit Bilbaoer Kennzeichen, der – wie er später erfahren sollte – vor Kurzem erst aus einer Weinkellerei in Logroño gestartet und mit einer Charge Weinflaschen für einen Großhändler in Algorta beladen war. Ein instinktiver Blick auf die Uhr des Motorrads zeigte ihm an, dass es kurz nach 14.55 Uhr war. Als er näherkam, entdeckte er die Norton unter den Reifen der Hinterachsen des Lkw.

Chema Salinas hatte man schon in einen privaten Pkw gehievt und fuhr ihn gerade in ein Krankenhaus nach Logroño.

»Aber er war schon tot«, sagte ein anderer der dort stehenden Fahrer laut in die Runde und stellte sich dann als Arzt aus Briones vor. Und er sagte auch, er könne den Tod des Motorradfahrers bescheinigen, da er ihn unter den Rädern des Lastwagens hervorgeholt habe. »Sein Schädel war so stark zertrümmert, dass sein Tod unmittelbar nach dem Unfall eingetreten sein musste.«

Santiago Malpás suchte einen Platz, um sich hinzusetzen. Das Naheliegendste war das Trittbrett des Reo. »Er hat mir gesagt, dass der Tod meines besten Motorradkumpels sofort eintrat«, grübelte er, während er darauf wartete, dass seine Hände zu zittern aufhörten, um sich die Brille und den Helm abzusetzen, »und er ist anscheinend nicht nur davon überzeugt, dass er mich damit tröstet, sondern es ist auch noch wahr. Mein Gott!«

Santiago Malpás folgte nun den Anweisungen der Gendarmen, die die Zeugen befragten, und wartete, bis er selbst an der Reihe war auszusagen. Er setzte sich wieder auf das Trittbrett des Reo und betrachtete gleichmütig die Öllache, die sich lautlos ausbreitete, bis sie fast seine Stiefel benetzte.

Neben dem Trittbrett kauerte der Lastwagenfahrer, die Ellbogen auf die Knie gestützt, und hielt seinen Kopf zwischen beiden Händen. Und betrachte ebenso gleichmütig den schwarzen Fleck, der sich auf sie zubewegte. Er war außer sich, weil ihm bewusst war, dass er den Tod eines Menschen verschuldet hatte. Aber er konnte doch nicht umhin, noch unter Schock, an die absehbaren Folgen zu denken, die der Unfall in nächster Zukunft für ihn haben würde. Folgen, die er mit monotoner Stimme ohne jeden Anflug von Selbstmitleid vorbrachte: Kreditschulden, die er aufgrund verlorener Arbeitstage nicht begleichen könnte; Einzug seiner Fahrerlaubnis; wer weiß, ob er eine Entschädigung bezahlen oder sogar ins Gefängnis gehen müsste, gar nicht zu sprechen von dem Haus, das nur bis zur Hälfte fertiggebaut war, dem Studium der Kinder, die kleine Pension, die er seinen Eltern bezahlte, und, warum es unerwähnt lassen, sein eigenes Leben und das seiner Frau, gerade jetzt, wo es den Anschein gehabt hatte, sie seien aus dem Gröbsten raus.

»Und wissen Sie, was das Schlimmste an dem Ganzen ist?«, fragte der Lastwagenfahrer plötzlich und hob dabei herausfordernd seinen Kopf. »Das Schlimmste an dem Ganzen ist, dass ich eigentlich gestern von Logroño her – zur selben Uhrzeit – hier hätte vorbeifahren sollen. Aber beim Frühstück hörte ich im Radio, dass für das ganze Gebiet zwischen Burgos, Logroño und Soria eine Unwetterwarnung ausgegeben wurde und dass die Gefahr von starken Schneefällen bestand. Und deshalb entschied ich mich, die Fahrt um vierundzwanzig Stunden zu verschieben.

Wenn es dieses verflixte Unwetter nicht gegeben hätte, dann wäre ich hier schon gestern vorbeigefahren. Wir, Sie und ich, hätten uns nie kennengelernt, und keinem von uns wäre etwas zugestoßen.«

»Ja«, sagte Santiago Malpás, um irgendetwas zu sagen. Und wiederholte: »Ja.«

Javier Fernández de Castro, geboren 1942 in Aranda de Duero (Burgos), hat zahlreiche Romane verfasst – und unter anderem James Joyce und Ian McEwan aus dem Englischen übersetzt.

Spanische *SVLTI* bei Wagenbach

Javier Fernández de Castro
In Erinnerung an einen vorzüglichen Wein
Ein gehörnter Winzer, ein Verleger technischer Fachliteratur, ein Ingenieur, viel Rotwein und noch mehr Kühe: ein kurzer Roman über eine Männerfreundschaft.

Aus dem Spanischen von Timo Berger
SVLTO. Rotes Leinen. Fadengeheftet. 120 Seiten

Javier Tomeo Hotel der verlorenen Schritte *Erzählungen*
Der spanische Meister des schwarzen Humors beschreibt in seinen neuen Erzählungen Dinge, die wir bislang für unmöglich hielten.

Aus dem Spanischen und mit einem Nachwort von Heinrich von Berenberg
SVLTO. Rotes Leinen. Fadengeheftet. 96 Seiten mit Zeichnungen des Autors

Javier Tomeo Mütter und Söhne *Roman über Monster*
Zwei Söhne unterhalten sich über Leben, Beruf und ungeklärte Morde, und im Hintergrund räuspern sich die Mütter. »*Man möchte dieses Lesevergnügen ewig hinauszögern; so schwebend ironisch ist dieser Roman, dass man sich fortwährend ins Fäustchen lacht.*«
Pia Reinacher, Tages-Anzeiger

Aus dem Spanischen von Elke Wehr
SVLTO. Rotes Leinen. Fadengeheftet. 96 Seiten

Juan und Juanita *Spanische Liebesgeschichten*
Was ist aus dem guten alten spanischen Macho geworden? Gibt es ihn noch, oder hat sich Don Juan inzwischen in eine Doña Juanita verwandelt? Genauere Antworten darauf gibt dieses *SVLTO.*

Zusammengestellt von Marco Thomas Bosshard
SVLTO. Rotes Leinen. Fadengeheftet. 144 Seiten

Spanische *SVLTI* bei Wagenbach

Madrid *Eine literarische Einladung*
Sie stehen am Rande eines Nervenzusammenbruchs? Dann auf nach Madrid; spanische Schriftsteller führen Sie! Ein großer Teil der Texte erscheint erstmals auf Deutsch.

Herausgegeben von Marco Thomas Bosshard
und Juan-Manuel García Serrano
SVLTO. Rotes Leinen. Fadengeheftet. 144 Seiten

Mallorca! *Eine literarische Einladung*
Mediterrane Geschichten, pointenreiche Reiseerlebnisse, Sonne, Sand und Meer: die Insel im Spiegel der Literatur. *»Hier wurden heitere und karge, außergewöhnliche und geheimnisvolle Texte versammelt, die nicht in jeder Anthologie recycelt werden.«*

Elsemarie Maletzke, Frankfurter Rundschau

Herausgegeben von Margit Knapp
SVLTO. Rotes Leinen. Fadengeheftet. 128 Seiten mit vielen Abbildungen

Kanarische Inseln *Eine literarische Einladung*
Ein liebestoller Kanarienvogel, ein Orgelspielerphantom, ein freiheitsliebender Hund: Das magische Ambiente der Kanarischen Inseln bringt ebenso zauberhafte wie komische literarische Gestalten hervor.

Herausgegeben von Gerta Neuroth
SVLTO. Rotes Leinen. Fadengeheftet. 144 Seiten

Die berauschende Wirkung von Bilsenkraut erschien im Herbst 2013 als 198. *SVLTO.*

Die spanische Originalausgabe erschien 1995 unter dem Titel *Tiempo de beleño* bei Plaza & Janés Editores in Barcelona. Für die deutsche Ausgabe wurde der Text vom Autor überarbeitet und leicht gekürzt.

Emser Straße 40/41, 10719 Berlin. Umschlaggestaltung Julie August unter Verwendung einer Fotografie © gettyimages.de. Gesetzt aus der Concorde. Vorsatzpapier von peyer graphic gmbh, Leonberg. Leinen von Ernstmeier, Herford. Gedruckt auf chlor- und säurefreiem Papier und gebunden bei Kösel, Krugzell. Printed in Germany.

ISBN 978 3 8031 1297 2

9 783803 112972